ÉMILE ZOLA.

LES MYSTÈRES DE MARSEILLE

ROMAN HISTORIQUE CONTEMPORAIN

DEUXIÈME PARTIE.

MARSEILLE
IMP. NOUVELLE A. ARNAUD, RUE VACON, 21.

1867.

LES MYSTÈRES

DE

MARSEILLE.

ÉMILE ZOLA.

LES MYSTÈRES

DE

MARSEILLE

ROMAN HISTORIQUE CONTEMPORAIN

MARSEILLE
IMP. NOUVELLE A. ARNAUD, RUE VACON, 21.

1867.

LES MYSTÈRES

DE

MARSEILLE.

I

Le sieur Sauvaire, maître-portefaix.

Le patron de Cadet Cougourdan, le maître-portefaix Sauvaire, était un petit homme, vif, noirâtre, aux membres trapus et vigoureux. Son grand nez crochu, ses lèvres minces, son visage allongé exprimaient cette confiance vaniteuse, cette vantardise rusée qui sont les traits distinctifs de certains types du midi.

Elevé sur le port, simple ouvrier dans sa jeunesse, il avait mis de côté, pendant dix ans, les gros sous qu'il gagnait. Il soulevait des poids énormes, il avait une force nerveuse qui faisait merveille. Il disait d'habitude qu'il ne craignait pas les gros hommes. La vérité était que ce nain aurait rossé un géant. Mais il se montrait prudent et sage dans l'emploi de sa vigueur ; il évitait les querelles, sachant que la tension de ses muscles valait de l'argent et qu'un coup de poing ne rapporte que des ennuis. Il vivait sobrement, tout au travail et à l'avarice, ayant hâte d'atteindre le but qu'il rêvait.

Un jour enfin, il eut devant lui les quelques milliers de francs qu'il lui fallait pour accomplir son projet. Il devint patron du soir au lendemain, il prit des hommes sous ses ordres, et, les bras croisés, les regarda courir et suer. De temps à autre, il leur donnait un coup de main en grondant. Au fond, Sauvaire était un paresseux fieffé ; il avait travaillé par entêtement, aimant mieux faire d'un coup toute la besogne de sa vie et se reposer plus tard dans les douceurs d'une oisiveté d'homme riche. Maintenant que de pauvres diables lui gagnaient une fortune, il se promenait, les mains dans les poches, empilant l'argent, attendant d'avoir une grosse somme pour s'abandonner à ses instincts de vie libre et bruyante.

Peu à peu, l'ouvrier avare se transforma en enrichi prodigue. Sauvaire avait des appétits cuisants de richesse et de plaisirs; il voulait posséder beaucoup d'argent pour s'amuser beaucoup, et il voulait s'amuser beaucoup pour montrer à tous qu'il possédait beaucoup d'argent. Un orgueil bête, une vanité de parvenu le poussait à faire un tapage du diable autour de ses joies. Quand il riait, il eut désiré que tout Marseille entendît son éclat de rire.

Il portait maintenant des vêtements de drap fin, sous lesquels on devinait toujours le corps roidi et épais de l'ouvrier. Sur son gilet, s'étalait une large chaîne d'or, épaisse d'un bon doigt, et laissant pendre des breloques massives qui auraient assommé un bœuf. Il avait, à la main gauche, une bague toute d'or, sans la moindre pierre. Chaussé de souliers vernis, coiffé d'un feutre souple, il flânait tout le jour sur la Cannebière et sur le port, en fumant une magnifique pipe d'écume de mer, garnie d'argent. Et, tout en marchant, il faisait sauter ses breloques sur son ventre, il promenait sur la foule un regard plein d'une câlinerie goguenarde et vaniteuse. Il jouissait.

Il avait peu à peu confié la direction de sa maison à Cadet Cougourdan, dont les allures vives et énergiques lui plaisaient; ce garçon de vingt ans possédait une intelligence, droite et ouverte, qui lui donnait une véritable supériorité sur les autres porte-faix. Sauvaire fut enchanté d'avoir sous la main un pareil ouvrier ; il le nomma surveillant des hommes qui travaillaient pour lui, et, dès-lors, il put étaler largement ses appétits dans Marseille. Il se contenta, le matin, de faire ses comptes et d'empocher l'argent gagné.

L'existence rêvée commença. Sauvaire se fit recevoir d'un cercle. Il joua, mais avec prudence, trouvant que la volupté du jeu ne vaut pas les sommes qu'on perd ; il voulait s'amuser pour son argent, il cherchait des plaisirs solides et durables. Il mangea dans les meilleurs restaurants, il eut des femmes qu'il étala devant la foule. Sa vanité était voluptueusement chatouillée, lorsqu'il pouvait se vautrer sur les coussins d'une voiture à côté d'une vaste jupe de soie. La femme n'était rien, la robe de soie était tout. Il trainait la robe de soie dans des cabinets particuliers, et il ouvrait les fenêtres, pour que les passants pussent voir qu'il était en partie fine avec une dame bien mise, et qu'il se faisait servir des plats très chers. D'autres auraient fermé les jalousies, poussé le verrou; lui, il rêvait d'embrasser ses maîtresses dans une maison de verre, afin que la foule fut bien persuadée qu'il était assez riche pour aimer de jolies femmes. Il entendait l'amour à sa manière.

Depuis un mois, il vivait dans le ravissement. Il avait fait la rencontre d'une jeune femme dont la connaissance chatouillait délicieusement son amour-propre. Cette jeune femme était la maîtresse d'un comte; on la regardait comme une des reines du demi-monde marseillais. Elle se nommait Thérèse Armand; mais on la désignait habituellement sous le nom familier d'Armande.

Lorsqu'Armande mit pour la première fois sa petite main gantée dans la main large de Sauvaire, le maître-portefaix faillit s'évanouir de joie. Cette poignée de main s'échangeait sur les allées de Meilhan, devant la porte de la maison habitée par la lorette, et les passants se retournaient pour voir cet homme et cette jeune femme qui s'adressaient des sourires et se faisaient des révérences. Sauvaire s'en alla, gonflé d'orgueil, s'extasiant sur la toilette et sur les bonnes manières d'Armande. Il n'eut plus qu'une pensée : avoir cette femme pour maîtresse, supplanter un comte, promener à son bras des dentelles et du velours.

Il guetta la lorette, et se mit sur son passage. Il devenait presque amoureux des chiffons luxueux qu'elle portait et des parfums qu'exhalaient ses vêtements. Il était fier d'être salué par elle, de paraître un de ses amis, et il ne lui aurait même pas déplu de passer pour un de ses amants.

Un soir, il monta chez elle et n'en sortit que le lendemain. Il crut à une victoire remportée par les charmes de sa personne. Pendant huit jours, il fut d'une fatuité insupportable; il regardait les passants d'un air de pitié moqueuse. Quand Armande était à son bras, sur un trottoir, la rue ne lui semblait pas assez large. Le balancement et le bruit frissonnant des jupes de sa maîtresse le jetaient dans une extase recueillie. Il adorait les crinolines qui tiennent beaucoup de place et qui gênent la circulation.

Il contait sa bonne fortune à tout le monde. Cadet fut un de ses premiers confidents.

— Ah! si vous saviez! lui dit-il, la charmante personne et comme elle m'adore!... Il y a de tout chez elle, des tapis, des rideaux, des glaces. On se croirait dans le monde, chez une duchesse... Et, avec cela, pas fière du tout, bonne fille, la main toujours ouverte... Hier, j'ai déjeûné dans son petit salon; puis nous avons pris une voiture découverte et nous sommes allés au Prado. Tout le monde nous regardait... Il y a de quoi mourir d'aise en compagnie d'une pareille femme.

Cadet souriait. Il rêvait l'amour d'une forte fille; Armande lui faisait l'effet d'une poupée mécanique, d'un jouet fragile qu'il aurait brisé dans ses doigts. Mais il ne voulait pas contrarier son patron, il s'extasiait avec lui sur les charmes exquis de la lorette. Le soir, il contait à Fine les folies de Sauvaire.

La bouquetière avait repris sa place dans son petit kiosque du cours Saint-Louis. Elle vendait ses fleurs, l'œil aux aguets, cherchant les occasions de venir en aide à Marius. Elle ne perdait pas de vue l'emprunt des quinze mille francs, et, chaque jour, elle bâtissait un nouveau plan, elle rêvait de mettre à contribution les personnes que le hasard rapprochait d'elle.

— Penses-tu, dit-elle un matin à son frère, penses-tu que M. Sauvaire serait un homme à prêter de l'argent?

— C'est selon, répondit Cadet... Il donnerait volontiers mille francs à un pauvre diable, sur une place publique, devant beaucoup de monde, pour faire parade de son bon cœur.

La bouquetière se mit à rire.

— Oh ! ce n'est pas une aumône qu'on lui demanderait, reprit-elle... Il faudrait que la main gauche du prêteur ignorât ce que ferait sa main droite.

— Diable ! dit Cadet, c'est trop de désintéressement... D'ailleurs, on pourrait voir.

Fine, sur ce bout de conversation, conçut tout un projet. Elle croyait Sauvaire très riche, et, au fond, elle ne le jugeait pas méchant homme. Peut-être pourrait-on obtenir quelque chose de lui, en se servant de l'influence d'Armande.

La bouquetière comprit qu'elle devait d'abord décider Marius à aller chez la lorette. C'était là le difficile. Le jeune homme refuserait net, dirait qu'il ne pouvait y avoir rien de commun entre lui et cette femme.

Un jour, elle laissa échapper comme par mégarde le nom d'Armande, et elle fut très-étonnée de voir Marius sourire et sembler être en pays de connaissance.

— Est-ce que vous connaissez cette dame ? lui demanda-t-elle.

— Je suis allé une fois chez elle, répondit-il. C'est Philippe qui m'y conduisit. Cette dame, comme vous l'appelez, ouvrait ses salons une fois par semaine, et mon frère était un des habitués du lieu.... Ma foi, j'ai été fort bien reçu, et j'ai trouvé là une véritable maîtresse de maison, très-distinguée et fort élégante.

Fine parut toute triste d'entendre l'éloge d'Armandedans la bouche de Marius.

Il paraît, continua ce dernier, que les choses ont un peu changé chez elle, depuis un an. Elle est, m'a-t-on dit, très-embarrassée dans ses affaires. D'ailleurs, on la dit très-adroite, très-intrigante même ; si elle trouve quelque imbécile, elle se tirera des ennuis où elle est..

La jeune fille s'était remise de l'étrange émotion qui l'avait saisie. Elle poursuivit habilement l'exécution de son projet, sans rien brusquer.

— L'imbécile est trouvé, dit-elle en riant... Ne connaissez-vous pas M. Sauvaire, le patron de Cadet ?

— Un peu, répondit Marius ; je le rencontre parfois en pantoufles sur le port.

— Eh bien, il est l'amant d'Armande depuis quelques mois... On prétend qu'il a déjà dépensé quelque argent avec elle...

Puis, d'un ton indifférent, Fine ajouta :

— Pourquoi ne retournez-vous pas chez Armande ?.. Vous rencontreriez là des gens riches qui pourraient vous aider dans l'affaire que vous savez... M. Sauvaire serait peut-être tout disposé à vous rendre service.

Marius devint grave et garda un moment le silence. Il se consultait.

— Bah ! dit-il, enfin, vous avez raison... Je ne dois reculer devant aucune tentative... Il faudra demain que j'aille voir cette femme; j'expliquerai ma visite, en lui parlant de mon frère.

La bouquetière regardait le jeune homme en face, avec de petits battements de paupières.

— Et surtout, reprit-elle en riant d'un rire forcé, n'allez pas rester au pied de cette enchanteresse... J'ai souvent entendu parler de ses toilettes riches et savantes, de son esprit, de l'étrange pouvoir qu'elle a sur les hommes.

Marius étonné de la voix émue de son amie, lui prit la main et l'examina d'un regard pénétrant.

— Qu'avez-vous donc? lui demanda-t-il. Ne dirait-on pas que je vais chez le diable et que je suis un pêcheur... Ah ! ma pauvre Fine, je suis loin de penser à de pareilles bêtises. J'ai une tâche sacrée à remplir... Puis, regardez-moi bien. Quelle est la femme qui voudrait d'un magot pareil?

La jeune fille le regarda et elle fut toute surprise de ne plus le trouver laid. Jadis, il lui avait semblé affreux ; maintenant, elle voyait comme de la lumière sortir de son visage et lui transfigurer la face. Le jeune homme lui serra amicalement la main, et elle demeura toute troublée.

Le lendemain soir, ainsi qu'il l'avait résolu, Marius se présenta chez Armande.

II

Une Lorette Marseillaise.

Armande avait une origine fort mystérieuse. Elle prétendait être née dans l'Inde, d'une femme indigène et d'un officier anglais. Elle partait de là et contait, à qui voulait l'entendre, un roman dont elle était l'héroïne. Elle mettait sa première faute sur le compte d'un riche protecteur qui l'avait prise chez lui, à la mort de son père, et qui l'avait élevée délicatement pour en faire plus tard sa maîtresse, comme on engraisse une volaille pour la trouver ensuite plus savoureuse et plus tendre sous la dent. Son esprit se plaisait dans ce conte brutalement romanesque.

Grâce à ses mensonges, sa véritable histoire ne fut jamais connue. Elle s'était abattue un jour sur Marseille, comme un de ces oiseaux qui flairent de loin une contrée riche en proies de toute espèce. En s'établissant dans une ville riche et industrielle, elle avait fait preuve d'une rare intelligence. Dès son arrivée, elle s'attaqua aux gens de commerce, aux jeunes négociants qui remuent l'argent à la pelle. Elle comprit que ces garçons, cloués toute la journée dans un bureau, désirent âprement s'amuser le soir et jeter un peu de l'or qu'ils ont gagné.

Elle tendit ses pièges avec art. Elle monta sa maison sur un grand pied et lui donna une sorte de cachet aristocratique. Il lui fut aisé de vaincre toutes les rivales qu'elle trouva installées dans la ville. Ces pauvres filles déchues étaient d'une ignorance crasse ; elles s'habillaient mal, savaient à peine parler, étalaient un luxe mesquin et ignoble, s'abandonnaient bêtement. Armande les écrasa de toute son élégance et de tout l'esprit qu'elle avait acquis çà et là en se frottant à des gens bien élevés. Elle devint en peu de mois une sorte de célébrité mondaine.

Chez elle, comme le disait naïvement Sauvaire, elle prenait des airs de duchesse. Un goût exquis avait présidé à l'ameublement de son logis. Elle ouvrit son salon, elle attira les jeunes gens riches par le bruit qu'elle faisait faire autour d'elle, et les retint par sa bonne grâce et la distiction de ses manières. La femme entretenue perçait à peine sous la maîtresse de maison. Elle avait des amants, elle les montrait même volontiers ; mais, en public, dans ses soirées, elle gardait une décence dont on lui tenait grand compte. Elle était le type du vice élégant, parfumé, spirituel.

Elle s'entoura peu à peu de tous les viveurs de la ville. Elle n'admettait d'ailleurs que des gens riches, gagnant beaucoup et dépensant plus encore. Dans les commencements, elle n'eut qu'à choisir ses victimes ; une foule était à ses pieds. Elle croqua à belles dents plusieurs fortunes, vivant en plein luxe, fournissant auxbesoins de sa maison qui étaient énormes. Les gens sages et graves la regardaient comme une véritable plaie, comme un gouffre sans fond où allaient s'engloutir les capitaux des jeunes commerçants marseillais. Les femmes entretenues, ses rivales, la déchiraient à belles dents et l'accusaient d'intrigues honteuses ; elles tournaient en moquerie son visage maigre, ses rides précoces ; elles disaient qu'elle était laide, — ce qui était presque vrai, — et déclaraient ne rien comprendre à l'engouement que ces imbéciles d'hommes avaient pour cette pécore. Armande les laissait dire et régnait tranquillement; pendant plusieurs années elle les domina par son esprit, par son luxe, par sa science de femme élégante et raffinée. On allait chez elle en habit noir et en cravate blanche.

Puis, sans cause apparente, tout d'un coup, son crédit baissa. La gêne vint et fit comme des trous dans son luxe. Sans doute, sa mode était passée, les amants généreux manquaient. Elle tomba dans les transes de cette demi misère qui porte de la soie et marche sur des tapis. Sentant qu'elle allait rouler dans le ruisseau, si elle ne faisait pas des efforts prodigieux pour garder son appartement de grande dame, elle lutta avec désespoir contre la mauvaise chance. Elle comprenait que son prestige venait uniquement de sa richesse apparente, de ses toilettes exquises, de l'argent qui lui permettait de jouer à l'aise son rôle de duchesse déclassée. Le jour où la soie lui manquerait, où elle fermerait son salon, elle savait qu'elle deviendrait une pauvre fille, une créature laide et fanée dont personne ne voudrait plus. Aussi déploya-t-elle une énergie fébrile pour trouver des amants, pour se procurer de l'argent à tout prix.

C'est à cette époque qu'elle fit la connaissance d'une dame Mercier qui lui avança quelques fonds à un taux exorbitant. Elle avait dupé tant de jeunes imbéciles, qu'elle se laissa duper à son tour, sans trop se plaindre. Elle espérait d'ailleurs faire payer le capital et les intérêts des sommes empruntées, au premier homme riche dont elle serait la maîtresse. Les hommes riches ne se présentèrent pas ; la jeune femme devint de plus en plus inquiète et embarrassée.

Armande, poussée par la nécessité, sentant chaque jour sa beauté, son gagne-pain, s'en aller avec son luxe, en arriva au crime. Déjà, pour faire face aux exigences de ses créanciers, elle avait dû vendre des glaces, des meubles, des porcelaines ; sa maison se vidait, elle voyait peu à peu les murs se dénuder et elle songeait avec effroi à l'heure où elle se trouverait, lasse et vieillie, entre quatre murailles nues. Les amants se sauveraient alors de son bouge, elle mourrait de misère et de honte. Les tapissiers, les modistes, tous les fournisseurs auxquels elle devait, devenaient plus âpres en flairant la ruine prochaine de leur cliente ; ils savaient que les amants se faisaient rares, ils exigeaient le remboursement immédiat de leurs créances. Quelques uns d'entr'eux parlèrent de saisir le mobilier. Armande comprit qu'elle était perdue, si elle ne battait pas monnaie tout de suite, n'importe de quelle façon.

Elle eut recours à un moyen extrême. Elle imita l'écriture de trois ou quatre amants qu'elle avait, et se souscrivit à son ordre des billets qu'elle signa des noms de ces hommes. Puis, n'osant se présenter chez un banquier, elle s'adressa à la dame Mercier qui consentit à lui escompter quelques-uns de ces billets. Il est à croire que l'usurière n'ignorait pas l'origine des effets, et qu'elle spéculait même sur l'infamie d'Armande. La tenant dans ses griffes, pouvant à toute heure lancer une plainte au procureur du roi, comptant d'ailleurs sur les souscripteurs supposés qui auraient eu intérêt à éviter un scandale, elle considérait les faux qu'elle possédait en garantie, comme préférables à de bonnes traites. Elle basait toute une fortune sur ses complaisances criminelles, exigeant des intérêts énormes, embrouillant de plus en plus les affaires de la lorette, se mettant complètement à sa charge, jouant un rôle de ruse et d'hypocrisie dont elle se tirait à merveille.

Pendant près de deux ans, Armande vivota, sans inquiétude. Elle avait mis les billets payables chez elle, et, à chaque échéance, elle faisait l'argent coûte que coûte, tirant cent francs du premier homme qu'elle rencontrait, complétant la somme nécessaire en vendant quelque chose, en empruntant encore, en faisant de nouvelles traites fausses. La Mercier continuait à se montrer humble et serviable; elle voulait tenir sa proie étroitement serrée, avant de montrer les dents et de mordre.

Puis vint un moment où Armande ne put décidément pas rembourser les billets faux. Elle se jetait en vain dans le ruisseau ; elle allait au Château-des-Fleurs, comme une fille ; elle ne parvenait plus à gagner la somme qu'il lui fallait pour entretenir sa maison. C'est à ce moment-là qu'elle fit la connaissance de Sauvaire ; elle lâcha pour lui un comte qu'elle avait ruiné, croyant que le maître-portefaix était riche et généreux. En d'autres temps, lorsqu'elle était la reine de Marseille et qu'elle étalait insolemment son velours et ses dentelles, elle aurait regardé Sauvaire du haut de la richesse et de l'élégance de ses amants. Mais, maintenant, elle ne dédaignait plus aucune proie ; elle s'attaquait à la foule et se serait volontiers mise à ramasser de l'argent dans des mains sales et ignobles. L'ancien ouvrier prit pour de la tendresse la nécessité qui poussait la jeune femme dans ses bras. Armande, au bout de quelques mois, s'aperçut avec terreur que son nouvel amant avait l'économie prudente du parvenu et qu'il s'appliquait en égoïste tout l'argent qu'il dépensait. Deux ou trois des billets faux ne furent pas payés ; la dame Mercier commença à se fâcher.

Les choses en étaient là, lorsque, un soir, Marius se rendit naïvement chez la lorette. Il croyait encore trouver dans son salon une partie de la riche et nombreuse société à laquelle son frère l'avait présenté. Il rêvait vaguement de lier connaissance avec quelque jeune négociant qui lui viendrait en aide ; il comptait même un peu sur Sauvaire, dont Fine avait volontairement exagéré l'obligeance.

Il fut très étonné de trouver le salon vide. Une seule lampe éclairait cette grande pièce qui lui parut singulièrement nue. Sauvaire était à demi couché sur un vaste divan, et il semblait digérer avec affectation le dîner qu'il venait de faire, lâchant quelques boutons de son gilet et tenant un cure-dent entre ses doigts. A côté de lui, assise dans un fauteuil, Armande lisait *Graziella*, en appuyant rêveusement le front sur la paume de sa main gauche ; une levrette, qu'elle nommait *Djali*, était couchée à ses pieds, la tête posée le long de ses pantoufles de velours cerise.

Un des moyens de séduction employé par Armande était de lire devant ses amants les œuvres des grands poètes modernes. Elle avait une petite bibliothèque où se trouvaient les ouvrages de Châteaubriand, de Victor Hugo, de Lamartine, de Musset. Le soir, dans la clarté pâle de la lampe, à l'heure où elle était encore belle, elle épelait langoureusement des pages de vers ou de prose poétique. Cela mettait comme une auréole autour de sa tête. Les amants croyaient avoir affaire à une fille ignorante, et ils trouvaient une dame instruite, presque lettrée, qui lisait des livres qu'eux-mêmes n'avaient jamais eu ni le temps ni le courage de feuilleter. Sauvaire surtout se sentit écrasé et dominé, le jour où sa maîtresse prit un recueil de vers et se mit tranquillement à en tourner les pages devant lui. À peine parcourait-il parfois un journal. Une femme ouvrant un volume de poésie lui parut une créature supérieure. Chaque fois qu'Armande lisait en sa présence, il se recueillait, il prenait un air précieux et charmé. Il lui semblait qu'il devenait savant lui-même.

Marius eut un léger sourire en voyant l'attitude penchée d'Armande, feignant l'extase, et la posture de Sauvaire qui se vautrait sur le divan, les mains jointes au milieu du ventre. Il y avait toute une comédie entre l'hypocrisie savante de cette femme et le contentement épais et aveugle de cet homme.

La lorette accueillit le nouveau venu avec cette grâce facile et enjouée qui est une des nécessités de son métier. Elle avait eu des rapports plus ou moins intimes avec Philippe, elle traitait Marius en vieille connaissance. Elle le fit asseoir en lui reprochant la rareté de ses visites.

—Je sais bien, ajouta-t-elle, que vous avez

eu beaucoup d'ennuis dans ces derniers temps. Ce pauvre Philippe !... Je me l'imagine parfois dans un cachot humide, lui qui aimait tant le luxe et les plaisirs... Cela lui apprendra à mieux placer ses tendresses.

Sauvaire s'était un peu relevé. Il avait la bonne qualité de ne pas être jaloux ; il se montrait au contraire tout fier des amants que sa maîtresse avait eus. Les anciennes amours d'Armande doublaient à ses yeux le prix de sa bonne fortune. D'ailleurs, Marius lui parut si chétif, qu'il fut charmé de paraître vigoureux à côté de lui.

La jeune femme présenta les deux hommes l'un à l'autre.

— Oh ! nous nous connaissons, dit le maître-portefaix avec un rire satisfait... Je connais aussi M. Philippe Cayol. En voilà un gaillard !...

A la vérité, Sauvaire était enchanté d'être trouvé en tête-à-tête avec Armande. Il se mit à la tutoyer, à appuyer sur les plaisirs qu'ils prenaient ensemble. Il continua en parlant de Philippe et en s'adressant à sa maîtresse :

— Il venait souvent chez toi, n'est-ce pas ?... Ah ! va, ne t'en défends pas ; je crois que vous vous êtes aimés... Je le rencontrais parfois au Château-des-Fleurs... Nous y sommes allés hier, au Château-des-Fleurs. Hein? ma chère, quelle foule, que de toilettes !

Il se tourna vers Marius.

— Le soir, ajouta-t-il, nous avons mangé au restaurant... C'est très cher, monsieur. Tout le monde ne peut pas se payer cela.

Armande paraissait souffrir. Il y avait encore au fond de cette femme des délicatesses étranges, un reste de ses jouissances exquises d'autrefois. Elle regardait Marius avec de légers haussements d'épaule, avec des coups-d'œil qui raillaient Sauvaire. Celui-ci, imperturbable, s'étalait complaisamment.

Marius devina alors les embarras et les tourments de la lorette. Il lui vint comme des pitiés en voyant le salon désert et en comprenant sur quelle pente effroyable roulait cette femme qu'il avait connue insouciante et heureuse. Il regretta d'être monté.

A un moment, il resta seul avec Sauvaire qui se mit à lui expliquer sa fortune et à lui conter sa joyeuse vie. Une servante était venue dire tout bas à Armande que madame Mercier se trouvait dans l'antichambre et qu'elle paraissait fort en colère.

III

Où la dame Mercier montre ses griffes.

Madame Mercier était une petite vieille de cinquante ans, ronde, grasse, qui larmoyait toujours en se plaignant de la dureté des temps. Vêtue d'indienne déteinte, ayant sans cesse au bras un vieux cabas de paille qui lui servait de caisse, elle trottait à petits pas, avec des allures sournoises de chatte. Elle se faisait humble et misérable, elle prenait des airs malheureux pour apitoyer les gens. Son visage frais, où les rides semblaient des plis de graisse, protestait contre les larmes qui l'inondaient à chaque minute.

L'usurière joua admirablement son rôle

auprès d'Armande. Elle fit d'abord la bonne femme. Elle s'empara de la lorette avec un art infernal, se montrant tour à tour serviable et égoïste, embrouillant les comptes, laissant croître les intérêts, mettant sa débitrice dans l'impossibilité de rien vérifier.

Ainsi, lorsqu'un billet arrivait à échéance et qu'Armande n'avait pas les fonds, Mme Mercier se désolait, puis elle promettait d'emprunter l'argent à quelqu'un, déclarant qu'elle ne possédait pas elle-même la somme nécessaire. Elle avançait le montant du billet, se faisait rembourser immédiatement par la lorette, qui avait ainsi un nouvel intérêt à payer. Dans ce va-et-vient d'effets, dans ce continuel accroissement du taux, Armande ne savait plus quel était son compte, ce qu'elle avait payé ni ce qu'elle devait encore. Toujours la dette augmentait, sans que l'usurière fît de nouveaux prêts, et plus la créance vieillissait, plus elle devenait obscure. La jeune femme se sentait perdue au fond d'un chaos.

L'usurière gardait ses allures éplorées et calines. Quand elle fournissait l'argent elle-même pour qu'Armande pût la payer, elle lui faisait sentir tout son dévouement, tout l'héroïsme de sa conduite.

— Vous n'avez jamais vu une créancière comme moi, disait-elle. Je vais jusqu'à emprunter l'argent dont vous avez besoin. C'est beau, cela !

— Mais, répondait Armande, c'est pour vous que vous empruntez cet argent, puisque je vous le donne.

— Pas du tout, reprenait la vieille. Je cherche uniquement à vous rendre service.

Mme Mercier s'introduisit ainsi peu à peu dans la maison. Tous les deux ou trois jours, elle venait y montrer sa face rusée et attendrie. Armande devint sa propriété, son esclave. Tantôt elle accourait, se laissait aller avec désespoir sur une chaise, et accusait la jeune femme de vouloir se sauver sans la payer ; il fallait qu'on lui fit visiter l'appartement pour lui montrer que les malles n'étaient pas faites. Tantôt elle sonnait violemment, elle se disait volée, elle reprochait ses dépenses à la lorette, elle comparait sa misérable vie à la sienne, elle lui reprochait d'être insolvable et criblée de dettes, et finissait en demandant de nouvelles garanties. D'autres fois, elle venait brusquement réclamer de l'argent, puis elle s'adoucissait, elle pleurait misère, elle s'en allait en traînant les pieds d'une façon lamentable. Chacune de ses visites était accompagnée d'un déluge de pleurs. Elle avait les larmes faciles et abusait de cet avantage pour embarrasser les gens. Elle faisait suivre chaque plainte d'un sanglot, elle se tortillait pitoyablement sur sa chaise, elle prononçait d'une voix dolente les moindres paroles. Armande, lasse et ahurie, restait d'ordinaire devant elle sans trouver une parole; par moments, elle lui aurait tout abandonné, son linge, ses robes, son mobilier, pour être débarrassée de ses lamentations continuelles.

L'usurière avait inventé un autre genre d'exploitation. Parfois, elle arrivait, les yeux rouges, déclarant qu'elle n'avait pas de pain, qu'elle se mourait. La jeune femme, agacée, énervée, lui disait de s'asseoir et de manger. D'autres fois, la vieille versait des ruisseaux de larmes pour avoir du sucre ou du café ou de l'eau-de-vie.

— Hélas! chère dame, pleurnichait-elle, je suis bien malheureuse. Ce matin, j'ai dû prendre mon café sans sucre, et, demain, je n'aurai ni sucre ni café. Soyez charitable... C'est vous qui me mettez ainsi sur la paille; si vous me donniez mon argent, je ne serais pas forcée de venir mendier... Par grâce, donnez-moi quelques livres de café et de sucre. Ça comptera pour tous les services que je vous ai rendus.

Armande n'osait refuser. Elle dépensait ses derniers sous, tremblante devant certains regards fauves et railleurs de sa créancière. Si elle déclarait qu'elle n'avait pas d'argent :

— C'est bien, répondait l'usurière, je vais présenter à votre amant le billet que vous m'avez remis...

La lorette ne la laissait pas achever. Elle envoyait vendre quelque chose et lui achetait ce qu'elle désirait. La malheureuse fille fermait les yeux pour ne pas voir le gouffre creusé devant elle. Elle appartenait à cette femme qui tenait entre ses mains de preuves terribles contre elle, et elle lui obéissait, sourdement irritée, se demandant avec désespoir par quels moyens elle pourrait s'échapper de ses griffes.

Pendant près de deux ans, Mme Mercier pleura et tira d'Armande tout ce qu'elle put. Elle ne s'en allait jamais les mains vides. L'argent qu'elle avait prêté à la lorette, lui rapportait déjà le deux cent cinquante pour cent. Si le capital se trouvait compromis, les intérêts couvraient deux ou trois fois la somme. Un jour, l'usurière comprit qu'elle devait changer de tactique. Armande ne la recevait plus qu'avec des frémissements nerveux qui devaient amener une crise. D'ailleurs, elle n'avait plus le sou, et, à deux reprises, elle s'était carrément refusée à lui donner du sucre.

Dès lors, la vieille résolut de ne plus pleurer et d'employer les grands moyens. Il lui restait à jouer le tout pour le tout, à exiger de la lorette un paiement immédiat de l'arriéré, en la menaçant d'adresser une plainte au procureur du roi. Elle avait eu la prudence de ne jamais témoigner de soupçon au sujet des billets faux qu'elle possédait ; Armande croyait qu'elle ne se doutait de rien.

Le plan de l'usurière fut bientôt arrêté. Elle décida qu'elle irait chez la jeune femme et qu'elle lui ferait une peur atroce. Si un de ses amants se trouvait là, elle s'adresserait à lui, elle soulèverait un scandale et arriverait à rentrer dans son argent d'une façon quelconque. Elle voulait dévorer sa proie après lui avoir sucé tout le sang de ses veines.

La veille, était échu un billet de mille francs qu'Armande avait signé du nom de Sauvaire et qu'elle avait donné en renouvellement d'un autre effet à Mme Mercier. Cette dernière, ayant un prétexte pour se fâcher, résolut de ne pas attendre davantage. Elle se présenta chez la jeune femme juste au moment où Marius et le maître-portefaix se trouvaient là.

Armande était toute troublée en l'abordant dans l'antichambre. Elle l'entraîna au fond d'un petit boudoir qui n'était séparé du salon que par une mince porte. Elle lui offrit un siége, avec ce regard craintif et suppliant que prennent les gens insolvables vis-à-vis de leurs créanciers.

— Ah ! ça, cria l'usurière en refusant le siége, vous moquez-vous de moi, ma bonne dame !.. Encore un billet qui me revient sans être payé !... Je suis lasse à la fin.

Elle avait croisé les bras, elle parlait d'une voix haute et insolente. Son petit visage gras et rouge luisait de colère ; il était rayonnant d'une joie mauvaise. Armande aurait préféré voir cette femme pleurant et se lamentant d'un ton traînard, comme à l'ordinaire.

— Par grâce, lui dit-elle effrayée, parlez plus bas. J'ai du monde... Vous savez combien ma position est embarrassée. Accordez-moi quelques jours.

Mme Mercier eut un geste brusque. Elle se dressait sur la pointe des pieds, elle parlait dans le visage de la lorette.

— Qu'est-ce que ça me fait, à moi, que vous ayez du monde, reprit-elle sans baisser le ton... Je veux être payée, et tout de suite !... Madame porte des chapeaux, Madame va au Château-des-Fleurs, Madame a des amants qui lui donnent mille jouissances... Est-ce que j'en ai, moi, des amants ?... Je me prive, je mange du pain sec et bois de l'eau, tandis que vous vous gorgez de bonnes choses. Cela ne peut pas durer. Il me faut mon argent, ou je vous mènerai quelque part... Vous savez où, n'est-ce pas ?

Elle accompagna ces mots d'un coup d'œil

menaçant et cruel. Armande devint pâle comme une morte.

— Ah ! cela vous chiffonne, continua la vieille en ricanant... Vous m'avez donc prise pour une imbécile. Si j'ai fait la bête, c'est que je l'ai bien voulu, c'est que sans doute j'avais intérêt à la faire...

Elle se mit à rire en haussant les épaules. Puis elle ajouta violemment :

— Si vous ne me payez pas ce soir, j'écris demain au procureur du roi.

— Je ne sais ce que vous voulez dire, balbutia Armande.

L'usurière s'était assise. Elle se sentait maîtresse de la position ; elle voulait se donner la volupté de jouer un moment avec sa proie.

— Ah ! vous ne savez pas ce que je veux dire, lorsque je vous parle du procureur du roi, dit-elle en faisant une affreuse grimace, comme prise d'une gaieté soudaine... Mais vous mentez, ma bonne dame ! Regardez-vous donc dans cette glace ; vous êtes toute blême... Avouez que vous êtes une coquine.

A ce mot, Armande se redressa. Il lui sembla qu'elle venait de recevoir un coup de fouet dans la figure. Le sang-froid lui revint, et, montrant la porte à la dame Mercier.

— Vous allez sortir tout de suite, lui dit-elle d'une voix haute.

— Non, je ne sortirai pas, reprit la vieille en s'enfonçant dans un fauteuil... Je veux mon argent... Si vous me touchez, je crie au meurtre, et les personnes qui sont dans votre salon viendront à mon secours... Je vous ai déjà dit que je n'étais pas bête... Payez-moi tout de suite, et je vous laisserai tranquille.

— Je n'ai pas d'argent, répondit froidement Armande.

Cette réponse exaspéra l'usurière. Depuis plus d'un an, Armande la lui faisait régulièrement à chacune de ses visites. Elle finit par la regarder comme une moquerie.

— Vous n'avez pas d'argent... vous dites toujours ça, cria-t-elle. Donnez-moi vos meubles et vos robes... D'ailleurs, non, j'aime mieux que vous alliez en prison. Je vais faire une plainte, je vous accuserai de faux... Nous verrons, ma belle dame, si vous trouverez parmi les geôliers des amants qui vous paieront des robes de soie et de fins repas.

Armande chancelait, perdant toute son assurance, craignant que les cris de la vieille femme ne fussent entendus de Marius et de Sauvaire. Sa créancière s'aperçut de son épouvante et se mit à crier plus fort.

— Oui, dit-elle, je puis demain vous faire passer aux assises... Vous savez cela, n'est-ce pas?... J'ai entre les mains plus de dix billets faux sur lesquels vous avez imité la signature de vos amants. C'est du propre travail... J'irai trouver chacun de ces messieurs, je leur dirai ce que vous êtes, et ils vous jetteront à la rue. Vous mourrez dans le ruisseau.

Elle reprit haleine, tandis que la jeune femme frémissante songeait à l'étrangler pour la faire taire.

— Tiens, au fait, continua-t-elle, vous avez du monde; il y a peut-être dans votre salon un de ces hommes dont vous avez volé le nom, pour battre monnaie... Je vais aller voir. Il faut que je sache... Laissez-moi passer.

Elle se dirigea vers la porte, Armande se mit devant elle, les bras tendus, prête à frapper, si elle s'avançait.

— Vous voulez me battre, moi qui vous ai nourrie, moi qui vous ai prêté mon pauvre argent, balbutia l'usurière qui suffoquait de colère.

Et elle recula en criant :

— A moi... à moi !

Armande se retourna vivement pour donner un tour de clef à la serrure. Mais il n'était déjà plus temps. La porte venait de s'ouvrir, et elle se trouva face à face avec Marius et Sauvaire, qui regardaient dans le boudoir d'un air inquiet et curieux.

IV

Qui prouve que le métier de Lorette a ses petits ennuis.

Sauvaire et Marius étaient restés près d'une demi-heure seuls dans le salon. Le jeune homme aurait bien voulu se retirer ; mais il n'avait pas cru devoir s'en aller avant d'avoir salué la maîtresse de la maison. Il feignait d'écouter les histoires du maître-portefaix.

Bientôt des éclats de voix étaient arrivés jusqu'à eux. Peu à peu, le bruit s'accrut, à tel point que tous deux prêtèrent l'oreille, ne pouvant jouer la discrétion davantage. C'est alors que le cri : « A moi... à moi ! » les fit se dresser et ouvrir la porte qui donnait dans le boudoir.

Un spectacle étrange les attendait. Devant leur apparition, Armande recula, chancelante, et se laissa tomber dans un fauteuil ; la tête entre les mains, elle éclata en sanglots ; elle resta là, écrasée, sans vouloir relever le front ni prononcer une parole. L'usurière, toute courroucée, le visage enflammé, s'approcha des deux hommes et se mit à leur parler avec une volubilité rageuse. De temps à autre, elle s'interrompait pour se retourner et montrer le poing à Armande qui semblait ne pas l'entendre, toute convulsionnée par le désespoir qui secouait son corps.

— Vous avez vu, n'est-ce pas ? répétait la vieille femme. Elle a voulu me battre. Elle avait le bras en l'air... Ah ! la misérable !... Imaginez-vous, mes bons messieurs, que j'ai donné tout mon argent à cette femme. J'aime à rendre service. Puis, je la croyais honnête. Elle m'a fait escompter des billets signés par des personnes honorables ; je me croyais bien garantie. Aujourd'hui, j'apprends que les billets sont faux et que j'ai été indignement volée. Qu'auriez-vous fait à ma place ? Je lui ai reproché son indigne conduite ; alors elle m'a menacée de me frapper...

Sauvaire ouvrait des yeux étonnés. Il regardait tour à tour l'accablement d'Armande et l'irritation de madame Mercier. Il s'approcha de la jeune femme.

— Allons, ma chère, lui dit-il, défends-toi. Cette femme ment, n'est-ce pas? Tu n'as pas fait de pareilles sottises... Parle donc !

Armande ne bougea pas et continua à sangloter.

— Oh ! elle ne parlera pas, elle ne se défendra pas, reprit l'usurière qui triomphait. Elle sait bien que j'ai les preuves dans les mains... Je vais écrire demain matin au procureur du roi.

Marius, douloureusement surpris, jetait sur Armande des regards de pitié. Le hasard mettait encore sous ses pas une nouvelle honte, une nouvelle misère humaine. Il se rappelait la triste scène à laquelle il avait déjà assisté, lorsqu'on avait arrêté, devant lui Charles Blétry. Une pensée de miséricorde le prenait en face de cette jeune femme que le vice jetait dans l'infâmie. Il devinait en partie les circonstances qui l'avaient poussée au crime, il comprenait les nécessités qui, de chute en chute, la faisaient tomber jusqu'au ruisseau. Il eut voulu la sauver, la rendre à la vie honnête, lui donner les moyens de sortir de l'égoût.

— Pourquoi voulez-vous la perdre, dit tranquillement à l'usurière. Vous ne serez pas payée plus vite... Ne l'accablez pas, fournissez-lui au contraire les moyens de se relever et de vous rembourser.

— Non, non, répondit impitoyablement la vieille, je veux qu'elle aille en prison. J'ai déjà trop attendu... Hier encore, elle n'a pas soldé un effet de mille francs qu'elle avait mis payable chez elle... Elle a signé ce billet du nom de Sauvaire, le nom d'un de ses amants sans doute.

Le maître-portefaix, en s'entendant nommer, fit un haut-le-corps. Le chiffre de mille francs l'effraya.

— Vous dites que vous avez un effet de mille francs signé Sauvaire? demanda-t-il avec une sorte d'épouvante.

— Oui, monsieur, dit la vieille. Je l'ai apporté ; il est dans mon cabas.

— Montrez-le moi, je vous prie.

Sauvaire retourna le billet dans ses mains, en étudia de près l'écriture, et resta confondu.

— Pardieu ! s'écria-t-il, voilà qui est parfaitement imité !

Il se pencha vers Armande que la douleur courbait, et continua d'un ton sec :

— Ah ! ça, ma chère, pas de bêtises ! Je ne paierai jamais cela, vous savez... Que diable, je vous donnerais bien cent francs ; mais mille francs, c'est trop.

Il ne la tutoyait plus, il commençait à regretter sa campagne dans le demi-monde Marseillais.

— Oh ! je n'ai pas que celui-là, reprit

madame Mercier ; j'en possède plusieurs autres signés de différents noms... Cependant si l'on me payait celui-là, je consentirais à ne rien dire, j'attendrais encore.

Les paroles sensées de Marius lui avaient fait comprendre qu'il était préférable de ne pas adresser une plainte. Puisqu'elle tenait Sauvaire, elle espérait qu'il paierait. Elle redevint toute douce, elle changea de plan, et se mit à excuser Armande.

— Après tout, dit-elle, je ne sais pas si les autres billets sont faux... La pauvre petite femme a passé par de rudes moments. Il ne faut pas lui en vouloir, monsieur. Au fond, elle est bonne personne.

Et elle se mit à pleurer à chaudes larmes. Marius ne put retenir un sourire. Sauvaire allait et venait, agité, grondant sourdement. L'infâmie de sa maîtresse le touchait peu ; il était simplement irrité par le combat que l'égoïsme et la générosité se livraient en lui.

— Non, décidément, s'écria-t-il enfin, je ne puis rien donner.

Armande, écrasée dans son fauteuil, sanglotait toujours, d'une façon sourde et déchirée. Cette femme, qui avait connu toutes les joies exquises du luxe et de l'adoration, souffrait cruellement au fond de la boue où elle était tombée. Elle était là, infâme et avilie, en face de sa misère et de sa honte, et des désespoirs cuisants la prenaient, lorsqu'elle songeait à ses élégances et à ses richesses d'autrefois. Jamais plus elle ne se relèverait; elle allait descendre encore, devenir la dernière des créatures. Et elle se désespérait d'autant plus que son ignominie serait publique. La présence de Sauvaire et de Marius doublait ses remords et son accablement.

Sa douleur muette touchait étrangement Marius qui était faible devant les larmes. S'il les avait eus, il aurait donné volontiers les mille francs que demandait l'usurière. Après un silence pénible, il s'adressa à Sauvaire qui marchait à grands pas dans la pièce, inquiet et ennuyé.

— Voyons, monsieur, lui dit-il, il faut sauver cette femme de l'infâmie. Ses sanglots plaident sa cause mieux que je ne pourrais le faire... Vous l'aimez, vous ne l'abandonnerez pas dans un pareil désespoir.

— Eh ! oui, je l'aimais, répondit brusquement le maître-portefaix, et je crois l'avoir assez montré depuis trois mois. Savez-vous que j'ai déjà dépensé plus de cinq mille francs avec elle... Je ne veux plus rien donner. Tant pis ! elle s'arrangera comme elle pourra... Ce serait mille francs jetés à l'eau. Quel plaisir tirerais-je de cet argent, si je le lui remets ?

— Vous aurez fait une bonne œuvre et

sauvé peut-être une pécheresse... L'action qu'elle a commise est honteuse, et je ne cherche pas à excuser son crime ; seulement, je crois deviner ce qui l'a poussée à devenir faussaire, je pourrais plaider sa cause.

— Oh ! tout cela ne me regarde pas. Elle a fait ce qu'elle a voulu... Vous voyez bien que je ne me suis pas fâché. Je vais simplement me mettre hors de cette méchante histoire.

Marius se décourageait. Il se rappela ce que Fine lui avait dit sur la vanité du maître-portefaix, et il reprit d'un ton dégagé :

— N'en parlons plus. Je vous ai dit ces choses parce que je vous savais très-riche et très-généreux... Tôt ou tard, on aurait connu votre belle action, et vous auriez gagné à cette affaire pour plus de mille francs d'éloges.

— Vous croyez ? dit Sauvaire en hésitant.

— J'en suis certain. Peu d'hommes se dévoueraient à ce point, et c'est pour cela qu'il y aurait une véritable gloire à sauver cette femme... Mais n'en parlons plus.

Sauvaire cessa de marcher. Il s'arrêta au milieu de la pièce, et se mit à réfléchir.

Madame Mercier qui le voyait hésiter et qui éprouvait des frémissements de désir à la pensée de toucher mille francs, pensa qu'elle devait intervenir. Elle avait repris sa voix larmoyante, son allure humble et douce-reuse.

— Ah ! monsieur, dit-elle à Sauvaire, si vous saviez combien cette pauvre petite femme vous adore... Il y a des hommes très-riches qui ont essayé de vous supplanter. Elle a refusé toutes les propositions, et c'est peut-être cela qui lui a empêché de réparer les fautes commises, en la mettant dans la gêne... Vous ne pouvez pas vous imaginer combien elle tient à vous.

De pareilles paroles flattèrent beaucoup le maître-portefaix. Du moment où son amour-propre était en jeu, la question changeait. Il prit une pose triomphante.

— Eh ! bien, soit, dit-il ; je donnerai les mille francs. Je vous les porterai demain soir... Retirez-vous, laissez madame tranquille.

L'usurière salua avec une humilité rampante, et s'en alla doucement, fermant les portes sans bruit.

Armande avait levé le front. Son visage rougi de larmes paraissait vieilli. La lorette était laide. Encore toute secouée d'effroi et toute fiévreuse de honte, elle se dressa péniblement et voulut s'agenouiller devant Marius et Sauvaire.

Le jeune homme la retint.

— Ce n'est pas devant les hommes que vous devez vous agenouiller, lui dit-il. Agenouillez-vous devant Dieu, et il vous pardonnera.

— Oui, ma chère, ajouta le maître-portefaix, je vous conseille de vous convertir... D'ailleurs, j'accepte vos remercîments, et je souhaite que mon bienfait vous soit profitable.

La vérité était que Sauvaire ne trouvait plus aucun charme à Armande. Il venait de s'apercevoir que la pauvre créature était fanée, et il avait reçu une trop rude leçon pour s'oublier plus longtemps dans les boudoirs du demi-monde. Les grisettes faisaient mieux son affaire.

Les deux hommes se retirèrent, et sur le seuil de la porte, Armande baisa ardemment la main de Marius. Elle sentait en lui une pitié vraie et profonde, elle le remerciait de l'avoir sauvée.

Le lendemain soir, Sauvaire alla prendre Marius pour se rendre avec lui chez la dame Mercier. L'usurière habitait une maison sordide de la rue du Pavé-d'Amour. Les deux visiteurs montèrent trois étages et frappèrent inutilement à une porte humide et noirâtre. Au bruit qu'ils faisaient, une voisine sortit et leur apprit que « la vieille coquine » avait été arrêtée le matin.

— Depuis quelque jours, leur dit cette voisine, elle était traquée par la police. Il paraît qu'une plainte avait été adressée au parquet. Toute la maison est enchantée de son arrestation... Elle n'a eu que le temps de brûler les papiers qui pouvaient la compromettre.

Marius comprit que le ciel venait de délivrer Armande. Il interrogea les gens de la maison et acquit la certitude que l'usurière avait brûlé les billets souscrits par la lorette, dans la crainte que ces billets ne devinssent une nouvelle charge contre elle ; elle se doutait qu'Armande, en se trouvant compromise, ne ménagerait pas la vérité et donnerait des détails accablants. D'ailleurs, en détruisant les traites, elle ne perdait rien, étant depuis longtemps rentrée dans ses fonds.

Sauvaire se réjouit singulièrement de l'aventure. Il remporta triomphalement ses mille francs. Il avait pu faire preuve de générosité et de richesse, sans donner un sou. C'était tout bénéfice.

— Vous êtes témoin que j'allais donner l'argent, dit-il à Marius. Voilà comme je suis, moi. J'aime à être généreux, je jette l'or par les fenêtres... Oh ! un don de mille francs ne me gêne pas, lorsqu'il s'agit de payer mes plaisirs.

Marius le laissa s'extasier sur ses mérites et courut chez Armande pour lui annoncer la bonne nouvelle.

Il trouva la jeune femme triste et troublée. Elle avait passé une nuit atroce, se débattant dans sa fange, cherchant un moyen suprême pour sortir de l'infâmie.

Lorsqu'elle apprit que les billets faux étaient détruits, qu'elle avait recouvré sa liberté, elle fut comme transfigurée. Elle remercia passionnément Marius, elle lui jura que la leçon lui profiterait et qu'elle allait changer de vie.

— Je travaillerai, dit-elle, je me conduirai en honnête femme... Alors seulement je veux que vous me rendiez votre amitié... Je ne vous reverrai que lorsque je n'aurai plus à rougir devant vous... Au revoir.

Marius la quitta, touchée de sa décision et de ses promesses. Lorsqu'il se trouva seul, il se fît un crime de son abnégation ; depuis deux jours, il vivait en dehors de lui, sans s'occuper du salut de son frère. Lorsque Fine lui demanda le résultat de sa démarche, il n'osa lui conter les scènes poignantes auxquelles il avait assisté ; il se contenta de lui dire qu'il ne fallait pas songer à emprunter de l'argent à Sauvaire et qu'Armande fermait son salon.

— A quelle porte allez-vous frapper, maintenant ? lui demanda la bouquetière.

— Je ne sais, répondit-il... J'ai cependant un projet que je vais tâcher de mettre à exécution.

V

Le notaire Douglas.

Marius était rentré chez M. Martelly ; il y avait repris son emploi, trouvant une sorte de paix dans le travail. Son esprit devenait plus libre, au milieu du silence et de la tranquillité de son bureau. Il se disait qu'il avait quatre mois devant lui pour venir en aide à Philippe, il réfléchissait pendant des journées entières aux moyens qu'il devait employer.

L'armateur Martelly le traitait toujours comme un fils. Parfois, le jeune homme songeait à lui tout dire, à lui emprunter les quinze mille francs. Puis, des craintes, des timidités le prenaient ; il redoutait l'austérité républicaine de son patron. Il résolut de lutter encore, d'épuiser tous les moyens possibles avant de s'adresser à lui. Plus tard, lorsqu'il aurait vainement frappé à toutes portes, il se résoudrait à lui confier ses embarras et à implorer sa bienveillance.

En attendant, il décida qu'il n'agirait plus comme un jeune naïf et qu'il ne ferait plus une seule démarche inutile. Il songea un instant à gagner lui-même la somme nécessaire. Le chiffre de quinze mille francs l'effrayait; il comprenait qu'il ne pouvait économiser cette petite fortune en quatre mois. D'ailleurs, il se sentait un courage à soulever des montagnes.

Il se rappela que le notaire Douglas, dont M. Martelly avait vainement demandé l'appui pour Philippe, lui offrait depuis quelques mois de l'employer comme procureur fondé. Le notaire et l'armateur étaient liés par des questions d'intérêts, et souvent M. Martelly envoyait Marius chez Douglas pour régler certains comptes. Un jour en allant chez ce dernier, le jeune homme décida qu'il accepterait ses offres; si les bénéfices étaient minces, peut-être pourrait-il tenter un emprunt, lorsqu'il se serait fait connaître.

Le notaire Douglas habitait une maison d'apparence simple et austère. Les bureaux occupaient tout le premier étage ; il y avait là un véritable monde de commis, dans de grandes pièces froides et nues, rangés le long de tables en sapin noirci. Le luxe n'avait point pénétré dans cette étude où régnaient une activité prodigieuse et une sorte de rudesse honnête. On se sentait chez un homme qui travaillait sans relâche et qui ne s'oubliait jamais au fond des petites joies de l'existence.

Depuis près de dix ans, Douglas avait succédé à un sieur Imbert, dont il était resté commis pendant plus de douze années. C'était alors un jeune homme intelligent et remuant, ayant la passion des affaires, rêvant des spéculations gigantesques. La fièvre d'industrie qui secouait toute la France, brûlait son sang et lui donnait une étrange ambition ; il aurait voulu gagner beaucoup d'argent, non pas qu'il tînt à vivre dans la richesse, mais parce qu'il goûtait des voluptés cuisantes à démêler les questions d'intérêts et à faire réussir les entreprises qu'il tentait.

Dès les premiers jours, il se trouva trop à l'étroit dans sa charge de notaire. Il était né banquier, il avait les mains faites pour manier de grosses sommes. Le notariat, avec ses opérations calmes, son caractère presque paternel et sacré, ne convenait aucunement à sa nature d'agioteur. Il se sentait déclassé, car tous ses instincts le poussaient à faire valoir l'argent qu'on déposait chez lui. Il ne put se résigner au rôle d'intermédiaire désintéressé, et il se lança dans le négoce hâletant et fiévreux, qui plus tard fit de lui un grand criminel.

Il paya sa charge en quelques mois, sans qu'on pût savoir au juste où il avait pris l'argent nécessaire. Puis, il déploya une activité fébrile. En très peu de temps son étude prit une extension considérable. Il se plaça à la tête du notariat de Marseille, ouvrant sa porte toute grande et se créant une clientèle qui augmentait chaque jour. Son procédé fut d'une grande simplicité ; il n'éconduisait jamais un client, il répondait à toutes les demandes ; il trouvait toujours de l'argent pour les gens qui désiraient emprunter, et il avait toujours des placements excellents pour ceux qui lui confiaient des valeurs. Un roulement de fonds considérable s'établit ainsi dans son étude.

Dans les commencements, on s'étonna un peu des succès rapides de Douglas. On parla d'imprudence, on trouva que le jeune notaire marchait trop vite et se chargeait d'un trop lourd fardeau. Puis, on ne s'expliquait pas bien les moyens qu'il employait pour faire face aux exigences que lui créait l'accroissement continuel de ses affaires. Mais Douglas calma les inquiétudes du public par la simplicité de sa vie. On le croyait très riche, et il gardait des vêtements modestes, n'affichait aucun luxe, ne prenait aucun plaisir. Chacun sut qu'il menait une existence sobre, se nourrissant mal, vivant en petit bourgeois. D'ailleurs, il était d'une grande piété ; il faisait de larges aumônes, allait à l'église et demeurait à genoux pendant toute la durée des offices. Dès lors, il acquit une réputation d'honnête homme qui se consolida de jour en jour ; on finit par le citer comme un modèle de sainteté et d'honneur ; son nom fut respecté et aimé.

Il avait mis à peine six ans pour arriver à ce résultat. Pendant six années, il se tint à la tête du notariat marseillais ; son étude resta la plus fréquentée, celle où se traitaient le plus d'affaires. Les gens riches tenaient à honneur d'avoir pour notaire cet homme pieux et modeste qui était doué de toutes les vertus. La noblesse et le clergé le soutenaient ; les gens de commerce avaient fini par se montrer d'une foi aveugle en sa loyauté. La position était conquise, et Douglas l'exploitait fiévreusement.

Il avait alors quarante-cinq ans environ. C'était un homme fort et trapu qui tournait à l'obésité. Son visage, toujours soigneusement rasé, avait une pâleur mate ; les chairs semblaient mortes, les yeux seuls vivaient. On aurait dit, à le voir, un bedeau devenu banquier. Sous son apparence douce, on entendait comme un grondement sourd ; le sang devait battre à grands coups dans ce corps souple qui paraissait dormir. Quand il causait d'une voix traînante, sa voix laissait échapper par moments des éclats qui révélaient la fièvre intérieure dont il était secoué.

A toute heure, on le trouvait dans son cabinet, une salle froide et pauvrement meublée. Il y avait toujours quelque prêtre, quelque religieuse dans l'antichambre. D'ailleurs, la porte restait ouverte et l'on pénétrait jusqu'au maître de la maison avec la plus grande facilité. Douglas étalait même un peu trop complaisamment sa charité, son dédain du luxe, sa bonhomie austère.

Marius se sentait une véritable sympathie pour cet homme dont les vertus simples le séduisaient. Il aimait à aller chez lui.

Ce jour-là, après avoir parlé à Douglas de l'affaire pour laquelle M. Martelly l'envoyait, le jeune homme ajouta en hésitant :

— Il me reste, monsieur, à vous entretenir d'une question qui m'est personnelle... Seulement, je crains de vous importuner...

— Comment donc ! mon cher ami, dit le notaire avec cordialité, je suis tout à votre service... Je vous ai déjà offert mon aide, je vous ai ouvert ma maison.

— Je me souviens de vos propositions obligeantes, et je désirais justement vous rappeler ce que vous m'avez dit, il y a plusieurs mois.

— Je vous ai dit qu'il ne tenait qu'à vous de gagner quelque argent avec moi. Je serais heureux d'obliger un garçon tel que vous, en mettant à l'épreuve votre bonne volonté et votre courage... Ce que je vous ai dit alors, je vous le répète aujourd'hui.

— Je vous remercie et j'accepte, répondit simplement Marius que les allures franches et généreuses de Douglas avaient ému.

Ce dernier, en entendant les paroles du jeune homme, eut un tressaillement de joie. Il tourna vivement son fauteuil et indiqua un siége à son interlocuteur.

— Asseyez-vous et causons, dit-il. Je n'ai que cinq minutes à vous donner... Voilà comme j'aime les jeunes gens : durs à la fatigue et parlant carrément... Vous ne savez pas combien vous me rendez heureux en me mettant à même de vous être utile.

Il souriait, et chacune de ses phrases était une caresse. Il continua :

— Voici ce dont il s'agit... Comme mes clients ne résident pas tous à Marseille, j'ai dû chercher un moyen pour faciliter les transactions. J'ai pris à mes ordres plusieurs procureurs fondés qui représentent les personnes absentes et qui gèrent les biens de ces personnes. Lorsqu'un de mes clients, pour une cause quelconque, ne peut s'occuper de ses affaires, il me laisse un procuration en blanc, en me confiant le soin de trouver une personne loyale qui remplisse honnêtement son mandat. Je sais que vous êtes un garçon actif et probe, et je vous offre de représenter deux ou trois des propriétaires dont j'ai là les procurations. Nous n'aurons que votre nom à mettre, et vous toucherez cinq pour cent sur toutes les transactions que vous ferez.

Il parlait d'une voix simple et calme. Marius fut effrayé de la responsabilité d'un pareil emploi ; mais il se sentait une telle droiture d'esprit qu'il n'hésita pas à accepter.

— Je suis à vos ordres, dit il à Douglas. Vous me guiderez, vous me conseillerez. Je sais que je n'ai rien à craindre en vous obéissant en toute chose.

Le notaire se leva et alla prendre quelques papiers.

— Pour ne pas vous accabler dès le début, reprit-il, je vais ne vous confier d'abord que deux procurations.

Il choisit des dossiers et vint se remettre à son bureau. Il lut les deux procurations, après y avoir intercalé le nom de Marius. Ces procurations donnaient des droits illimités au mandataire : droit de vendre et d'acheter, d'hypothéquer et de plaider devant les tribunaux.

Quand il eut terminé la lecture des deux pièces, le notaire ajouta.

— Maintenant, il faut que je vous donne quelques renseignements sur les personnes que vous allez représenter.

Douglas remit à Marius une des procurations.

— Voici d'abord, reprit-il, le pouvoir de mon client et ami, M. Authier, de Lambesc. Il est, en ce moment, à Cherbourg et doit partir prochainement pour New-York, où il va prendre possession d'un fort héritage... Il a acquis à Marseille, avant son départ, un immeuble situé rue de Rome. Vous gérerez cet immeuble, pendant son absence. D'ailleurs, il doit m'envoyer, demain, ses instructions, que je vous transmettrai.

Le notaire prit l'autre procuration.

— Et voici maintenant, continua-t-il, le pouvoir de M. Mouttet, un ancien négociant de Toulon, qui m'a confié des fonds, en me chargeant de prendre des hypothèques à Marseille. J'ai pris ces hypothèques sur une maison de campagne sise au quartier de Saint-Just. Mouttet vient de m'envoyer de nouveaux fonds qu'il désire placer ; comme la goutte le cloue dans son fauteuil, il m'a prié de lui trouver un procureur fondé qui puisse donner à sa place les signatures nécessaires... Revenez demain, et nous nous entendrons définitivement sur les deux affaires.

Douglas se leva pour congédier Marius. Sur le seuil, il lui serra la main avec une familiarité brusque et cordiale. Le jeune homme se retira, un peu étourdi par les faits rapides qui venaient de se passer. Il s'étonnait de la facilité avec laquelle le notaire l'avait chargé de graves intérêts, et se sentait mal à l'aise sous le coup de la lourde responsabilité qui allait peser sur lui.

VI

Où Marius cherche inutilement une maison et un homme.

—

Le lendemain, Marius se rendit chez Douglas, pour recevoir ses dernières instructions.

— Allons, vous êtes exact, lui dit le notaire en souriant. Vous verrez que nous ferons d'excellentes affaires. Je veux vous enrichir... Asseyez-vous là. Je suis à vous dans un instant.

Douglas déjeûnait sur un coin de son bureau. Il mangeait du pain rassis avec quelques noix, et buvait de l'eau. Cette frugalité émut Marius et dissipa son malaise de la veille. Un homme aussi sobre ne pouvait le jeter dans de mauvaises affaires; c'était là certainement un cœur droit, une âme loyale, un esprit pieux et sincère qui s'était voué à sa tâche comme un prêtre se voue à Dieu.

Quand le notaire eut fini ses noix :

— Causons, maintenant, dit-il... J'ai reçu une lettre de M. Authier. Il désire que l'on grève son immeuble d'hypothèques. Il a besoin d'argent pour son voyage... Voici sa lettre.

Marius prit le papier que Douglas lui tendait. Comme il cherchait machinalement les timbres de la poste :

— Cette lettre, dit vivement le notaire, m'a été adressée dans une grande enveloppe qui contenait plusieurs pièces.

Le jeune homme rougit, craignant d'avoir blessé son nouveau patron. Il prit connaissance de la lettre de M. Authier, qui demandait, effectivement, à faire un emprunt sur la maison de la rue de Rome. Il priait Douglas de faire usage de sa procuration et de lui envoyer l'argent au plus tôt. Quand Marius eut achevé sa lecture :

— Voilà une demande d'emprunt qui arrive à propos, reprit le notaire, car M. Mouttet me presse de plus en plus pour lui trouver un placement sûr et avantageux. Vous trouvant, dès aujourd'hui, le procureur fondé de mes deux clients, du prêteur et de l'emprunteur, vous allez pouvoir les contenter tous deux sur-le-champ. Il s'agit simplement de me donner votre signature, et j'enverrai à M. Authier les fonds que m'a fait remettre M. Monttet.

Marius trouva que Douglas allait bien vite en besogne. Il aurait voulu voir les immeubles, échanger au moins une lettre avec les personnes qu'il devait représenter. Il ne doutait pas de la bonne foi du notaire, mais il ne pouvait se défendre d'une crainte vague et inexplicable. Le malaise de la veille le reprenait ; il lui semblait qu'il descendait dans un trou noir, et la voix douce, les sourires de Douglas le troublaient étrangement. D'ailleurs, il ne savait comment définir la sensation bizarre qui s'emparait de lui, il voulait réagir, il croyait à la bonne foi de son interlocuteur.

Le notaire apprêtait déjà les papiers sur lesquels il fallait que Marius mît sa signature. Il s'arrêta brusquement.

— Ah ! diable ! dit-il, il nous manque une pièce... Je vais l'envoyer chercher au bureau des hypothèques par un de mes commis.

Douglas paraissait très contrarié. Marius, comme poussé par un instinct, obéissant au malaise qu'il éprouvait, se leva vivement.

— Je ne puis attendre, dit-il ; je devrais déjà être chez M. Martelly. Remettons, si vous le voulez bien, la signature des pièces à après-demain, lundi.

— Soit, dit le notaire, en hésitant. J'aurais préféré que l'affaire se terminât aujourd'hui. Vous avez vu combien M. Authier est pressé... Enfin, venez après-demain.

Marius respira à l'aise dans la rue. Il se traita d'enfant, il rougit des soupçons vagues qui lui étaient venus. Il s'était presque enfui sous l'empire d'un sentiment indéfinissable, et il haussait les épaules, comme un petit garçon qui a eu peur de son ombre. D'ailleurs, il était heureux d'avoir deux jours devant lui pour réfléchir, pour s'expliquer ses répugnances et les vaincre.

Dans l'après-midi du même jour, il reçut à son bureau, chez M. Martelly, une visite qui l'enchanta. M. de Girousse, qui traînait son oisiveté dans toutes les villes du département, vint lui serrer la main. Il arrivait à Marseille et devait repartir le soir même.

— Ah ! mon cher ami, dit-il à l'employé, que vous êtes heureux d'être pauvre et de travailler pour vivre. Vous ne sauriez vous imaginer combien je m'ennuie... Si je le pouvais, je prendrais la place de votre frère ; il me semble que je m'amuserais en prison.

Marius sourit des étranges désirs du vieux comte.

— Le procès de Philippe, continua ce dernier, m'a aidé à vivre pendant un mois. Jamais je n'ai assisté à un si beau spectacle de la sottise et de la misère humaines. J'ai eu une furieuse envie, au tribunal, de me lever et de dire tout ce que je pensais. On m'aurait certainement mis une camisole de force... Lambesc devient inhabitable.

Depuis que M. de Girousse était là, Marius ne songeait qu'à lui demander des renseignements sur M. Authier. Il se disait que le comte devait connaître cet homme qui habitait la même petite ville que lui, d'après les paroles du notaire Douglas. Il essaya de prendre un air indifférent.

— Il y a pourtant des gens riches, à Lambesc, dit-il; vous pourriez les fréquenter et vous ennuyer moins... Ne connaissez-vous pas M. Authier, un propriétaire qui est, je crois, votre voisin.

— M. Authier, répéta le vieux gentilhomme en cherchant dans sa mémoire, M. Authier... je ne trouve personne de ce nom-là, à Lambesc. Vous dites que ce monsieur est un propriétaire ?

— Oui... Il a dernièrement acheté une maison à Marseille ; il doit posséder une propriété assez vaste, dans les environs de votre château.

M. de Girousse cherchait toujours.

— Vous vous trompez, dit-il enfin... Décidément, je ne connais pas M. Authier... Je suis certain que pas un des propriétaires de Lambesc ne se nomme ainsi, car je me suis amusé à apprendre les noms de tous les habitants de la contrée. Il faut bien se distraire un peu.

— Voyons, entendons-nous, reprit Marius qui devenait pâle et tremblant. Il s'agit d'un M. Authier qui vient de faire un riche héritage ; il se trouve en ce moment à Cherbourg et va partir pour New-York, où est mort le parent dont il est le légataire universel.

Le comte éclata de rire.

— Quelle histoire me contez-vous là ? s'écria-t-il. Si une pareille aventure arrivait à Lambesc, si un de mes voisins héritait d'un oncle d'Amérique, croyez-vous que je n'en saurais rien et que je ne m'amuserais pas pendant une semaine du tapage que produirait un tel roman dans ma petite ville... Je vous répète qu'il n'y a jamais eu d'Authier à Lambesc, et que jamais personne n'y a fait l'héritage de vaudeville dont vous me parlez.

Marius resta écrasé. Le raisonnement du comte était juste, et Douglas seul pouvait être le menteur, en tout cela. Le jeune homme n'osait aller au fond de sa pensée qui lui laissait entrevoir des abîmes.

— Quel intérêt prenez-vous donc à ce M. Authier ? demanda M. de Girousse intrigué.

— Aucun, répondit Marius en balbutiant ; c'est un de mes amis qui m'a parlé de cet homme, et j'aurais mal entendu le nom de la ville.

Il hésitait encore à accuser Douglas ; il y avait comme un bourdonnement dans sa tête qui l'empêchait de juger nettement la situation. Il reçut avec une sorte d'embarras la poignée de main d'adieu que lui donna M. de Girousse, en lui disant :

— Au revoir. Venez-donc ouvrir la chasse avec moi. Cela m'amusera.

Lorsque le comte se fut éloigné, Marius resta dans une perplexité poignante. Il ne pouvait se résoudre à traiter le notaire de coquin ; il se rappelait les allures pieuses et modestes de cet homme et se disait qu'une hypocrisie si effroyable ne saurait exister. Sans doute, il y avait mal entendu. Cependant les affirmations de M. de Girousse étaient nettes et décisives : M. Authier n'était pas connu à Lambesc, et, dès lors, Douglas mentait dans un intérêt quelconque. Le jeune homme n'osait tirer les conséquences de ce mensonge ; il devinait des gouffres sous ses pas et s'expliquait le malaise qu'il éprouvait en face du notaire. N'ayant encore que des soupçons, il se promit de découvrir la vérité entière, avant de s'engager en rien et de donner sa signature. D'ailleurs, ne voulant pas agir en écervelé, et comprenant quelle gravité aurait la moindre accusation, il décida qu'il procéderait en toute prudence, sans rien brusquer et sans montrer sa défiance.

Le lendemain était un dimanche. Dès le matin, Marius, ayant devant lui une journée de liberté, se rendit rue de Rome, où se trouvait l'immeuble acquis par Authier. Cet immeuble consistait en une grande et belle maison, louée à différents locataires. Marius, muni de son pouvoir de procureur fondé, questionna habilement chacun de ces locataires; il eut bientôt la certitude qu'aucun d'eux ne connaissait M. Authier, ne l'avait même jamais vu, et que tous, jusque-là, avaient traité directement avec le notaire Douglas. Les soupçons du jeune homme se confirmaient. Il voulut tenter une dernière épreuve et alla trouver l'ancien propriétaire de la maison, dont un des locataires lui donna l'adresse. Ce propriétaire se nommait Landrol et demeurait dans une rue voisine.

— Monsieur, lui dit Marius, je suis chargé par M. Authier de gérer la maison que vous lui avez vendue, et je viens vous demander quelques renseignements sur les anciens baux que vous avez passés et sur les prix de location.

M. Landrol se mit obligeamment à sa disposition et répondit à toutes ses demandes.

Marius usait de prudence ; quand il eut causé de ceci et de cela, il en arriva habilement au véritable but de sa visite.

— Je vous remercie mille fois, dit-il, et je regrette d'avoir abusé de votre patience... Mon excuse est que je n'ai pu voir M. Authier, absent en ce moment... J'ai pensé qu'ayant traité avec lui, vous pourriez me parler de sa personne et me faire connaître ses intentions.

— Mais je n'ai pas traité avec M. Authier, répondit simplement Landrol. Je n'ai même jamais vu ce monsieur. L'affaire a été menée et terminée par M. Douglas qui m'a fourni toutes les signatures nécessaires.

— Ah !... Je croyais que M. Authier avait visité l'immeuble, comme il est d'usage.

— Pas du tout... Ignorez-vous qu'il est en Amérique depuis plus de six mois ? M. Douglas a visité lui-même la maison et l'a acquise au nom de son client dont il avait reçu les instructions.

Marius se mordit les lèvres. Il avait failli laisser échapper son terrible secret. La veille, le notaire lui avait dit qu'Authier était venu de Lambesc pour chercher et choisir un immeuble. Maintenant, le mensonge était évident. Authier ne pouvait tout à la fois être depuis six mois en Amérique et attendre de l'argent à Cherbourg pour partir. Sans doute ce personnage n'existait pas plus à Cherbourg et à New-York, qu'il n'existait à Lambesc. C'était une pure fiction, un pantin de fantaisie que Douglas mettait en avant dans quelque but criminel. Et Marius songea tout-à-coup que la procuration passée à son nom constituait un faux, entrainant la peine des travaux forcés pour le faussaire.

Il se prit à rougir, comme s'il eut été lui-même le coupable, et balbutia un nouveau remercîment à Landrol qui le regardait curieusement, étonné de le voir si mal renseigné sur les affaires de l'homme qu'il allait représenter.

Lorsqu'il se trouva seul dans la rue, Marius fut obligé de se rendre à l'évidence. Douglas seul avait pu commettre le faux dont il était porteur. D'ailleurs, le jeune homme ne s'expliquait pas bien la cause du crime. L'immeuble avait été intégralement payé, et il fut obligé de s'arrêter à la pensée que le notaire s'était décidé à acquérir personnellement une propriété sous un nom supposé, pour dissimuler l'état de sa fortune. Mais, malgré cette explication, le délit n'en existait pas moins; Douglas, l'homme pieux et honnête, était un faussaire.

Marius craignit un instant que Mouttet, l'ancien négociant de Toulon, fut également une marionnette. Il courut chez un de ses amis qui avait longtemps habité Toulon et le questionna. Il respira plus à l'aise lorsqu'il eut appris que Mouttet existait réellement et qu'il était client de Douglas. Alors, toujours poussé par ses soupçons, il voulut voir la propriété sur laquelle Mouttet possédait des hypothèques. Il avait consacré sa matinée à chercher inutilement un homme, il employa son après-midi à chercher une maison.

Elevé au quartier de Saint-Just, dans l'ancienne maison de campagne de sa mère, Marius connaissait toutes les habitations de ce coin du littoral. La propriété sur laquelle Douglas prétendait avoir pris des hypothèques, au nom de Mouttet, appartenait à un sieur Giraud chez qui le jeune homme avait joué étant enfant. Il se rendit immédiatement chez Giraud et se présenta en promeneur, en ami qui venait simplement serrer la main du maître du logis.

On était vers le milieu de septembre. A l'horizon, la mer dormait, lourde et immobile, pareille à un immense tapis de velours bleu. La campagne s'étendait, toute jaune de soleil, brûlante et accablée. De petits souffles venaient par moments du rivage et couraient rapidement sur le sol qui frissonnait. Lorsque Marius passa devant la maison de campagne où sa mère l'avait bercé, une émotion poignante lui mit de grosses larmes dans les yeux. Au milieu du silence de ce désert morne et brûlé, il croyait entendre la voix aimée de la sainte femme dont le souvenir le soutenait dans la tâche de délivrance qui l'accablait.

Giraud le reçut en enfant prodigue.

— On ne vous voit plus, lui dit-il; venez donc vous consoler parfois ici de tous vos chagrins... Vous avez dans cette maison des amis dévoués qui vous aideront à passer des heures plus douces.

Marius fut touché de cet accueil. Il désespérait souvent de l'humanité, depuis qu'il se trouvait face à face avec les misères et les hontes de la vie. Il oublia pendant une heure les motifs de sa visite. Ce fut Giraud lui-même qui lui facilita l'interrogatoire délicat qu'il s'était promis de lui faire subir.

— Vous le voyez, lui dit le maître de la maison, nous vivons heureux ici. Certes, nous ne sommes pas riches, mais les quelques arpents de terre que nous possédons suffisent à nous donner le nécessaire.

— Je vous croyais gêné, répondit Marius. Les récoltes ont été mauvaises...

Giraud regarda le jeune homme avec étonnement.

— Gêné, dit-il, mais pas du tout... Pourquoi me dites-vous cela ?

Marius sentit qu'il rougissait.

— Excusez-moi, balbutia-t-il; je ne voudrais pas vous paraître indiscret... On m'a assuré qu'à la suite des dernières récoltes, vous aviez été obligé d'hypothéquer votre propriété.

En entendant ces paroles, Giraud partit d'un bruyant éclat de rire.

— Ceux qui vous ont assuré cela se sont trompés, reprit-il. Dieu merci, je n'ai pas un seul pouce de terrain engagé.

Marius voulut insister.

— Pourtant, dit-il encore, on m'a nommé le notaire, M. Douglas, qui aurait pris les hypothèques.

Giraud riait toujours de son rire large et franc.

— M. Douglas est un saint homme, répondit-il, mais la maison qu'il a hypothéquée n'est pas la mienne, soyez-en certain.

La veille, Marius avait vu l'acte dans lequel la maison de Giraud était nettement désignée. Cet acte portait d'ailleurs la signature du propriétaire. Le notaire avait donc commis un second faux, et ce faux n'était pas si facilement explicable que le premier. Douglas avait évidemment mis dans sa poche l'argent de Mouttet, destiné à l'emprunteur.

Marius se retira, voulant réfléchir avant de tout dénoncer. Authier n'existait pas, et la maison sur laquelle Mouttet avait des hypothèques, n'existait pas davantage, puisque Giraud déclarait que cette maison n'était pas la sienne. Il y avait là des abîmes dans lesquels le jeune homme ne descendait qu'en frissonnant. Le lundi matin, après une nuit fiévreuse, il se décida à se rendre chez le notaire.

VII

Où l'on voit que l'habit ne fait pas le moine.

Marius, en entrant dans l'étude de Douglas, fut surpris du calme religieux de ces grandes pièces froides où il savait que le crime habitait. Il ne pouvait s'accoutumer à tant d'impudence, à tant d'hypocrisie. Il aurait voulu que chaque mur criât tout haut l'infâmie du notaire. L'activité silencieuse des commis, l'apparence honnête de la maison l'exaspéraient et le jetaient dans des doutes pénibles.

Le jeune homme, pâle et ému, s'assit dans une anti-chambre. Douglas l'aperçut par la porte de son cabinet qui était ouverte.

— Entrez, entrez, lui cria-t-il ; vous ne me gênez pas... Je suis à vous dans un instant.

Marius entra. Il y avait dans le cabinet cinq ou six prêtres, parmi lesquels se trouvait l'abbé Donadéi. Cet abbé, coquet et souriant, caressait le notaire de la voix et du regard. Il venait lui demander des aumônes.

— Vous êtes de nos amis, lui disait-il, et nous nous adressons à vous chaque fois que les troncs de nos paroisses sont vides.

— Vous faites bien, monsieur, répondit Douglas en se levant.

Il prit quelques pièces d'or dans un tiroir.

— Combien vous faut-il ? demanda-t-il au prêtre.

— Mais, reprit Donadéi d'une voix douce, je pense que cinq cents francs nous suffiront... Nous avons grand besoin de l'aide des gens pieux et honorables...

Douglas l'interrompit.

— Voici cinq cents francs, dit-il.

Et il ajouta d'une voix qui tremblait un peu.

— Mon père, priez pour moi.

Alors tous les prêtres se levèrent et entourèrent le notaire en le remerciant, en appelant sur lui les bénédictions du ciel. Douglas, debout, recevait leurs vœux, calme et pâle, et Marius crut s'apercevoir que ses lèvres et ses paupières avaient de légers battements nerveux. Donadéi, d'une élégance souple, ne tarissait pas en éloges, en protestations caressantes.

— Dieu vous rendra ce que vous nous donnez, disait-il. Il vous le rend déjà en faisant prospérer votre maison et en vous accordant la paix des âmes justes et honnêtes... Ah ! monsieur, vous êtes un bien bel exemple, dans cette ville, que le matérialisme du siècle corrompt ; il serait à souhaiter que nos commerçants imitassent votre vie simple, et qu'ils eussent votre pitié et votre bonté de cœur. On ne verrait pas alors le spectacle horrible qu'offre notre société marseillaise...

Douglas semblait mal à l'aise ; les éloges du prêtre l'impatientaient. Il interrompit Donadéi, et lui dit en le poussant vers la porte :

— Non, non, je ne suis pas un saint, monsieur... Tout le monde a besoin de la miséricorde de Dieu. Si vous croyez me devoir quelques remercîments, veuillez prier pour moi.

Les prêtres saluèrent, firent une dernière révérence, et se retirèrent enfin.

Marius, dans un coin du cabinet, avait assisté à cette scène silencieux et navré. Il s'indignait en face de la comédie sinistre qui se jouait devant ses yeux. Peut-être Douglas croyait-il acheter le pardon du ciel et le payer largement avec l'argent qu'il avait volé. Ainsi ce saint homme, ce bon cœur qui secourait les malheureux, ce chrétien qui vivait dans les églises, n'était qu'un hypocrite et un coquin. Et Marius, en se disant cela, regardait les prêtres et le notaire ; il lui semblait qu'il rêvait tout éveillé, il ne s'expliquait plus les largesses de Douglas et les effusions tendres de Donadéi. Il était venu pour accabler le faussaire sous le poids de la honte, et il se trouvait devant un homme charitable pour lequel l'Eglise elle-même faisait des vœux.

Lorsque le premier moment de surprise fut passé, Marius eut un désir plus âpre de venger la justice et l'honneur. Le rôle que Douglas venait de jouer, écœurait le jeune homme et le rendait sans pitié.

Quand le notaire eut accompagné les prêtres et qu'il fut rentré dans le cabinet, il s'avança vers Marius, souriant, la main ouverte et tendue. Devant cette main, l'employé recula lentement, en regardant le notaire d'un œil fixe et dur. Puis, brusquement :

— Fermez la porte, dit-il.

Douglas, étonné et comme dominé, alla fermer la porte.

— Mettez le verrou, reprit Marius tout

aussi sèchement. Nous avons à causer ensemble.

Douglas mit le verrou et revint d'un air surpris et mécontent.

— Qu'avez-vous donc ? mon cher ami, demanda-t-il.

Et comme Marius, pris peut-être d'une dernière pitié, ne répondait pas, il continua :

— D'ailleurs, vous avez raison. Il vaut mieux être seuls pour causer d'affaires... Eh bien ! êtes-vous prêt ? Je me suis procuré la pièce qui nous manquait et je n'ai plus besoin que de votre signature pour prendre hypothèque sur la maison d'Authier, au nom de Mouttet... Vous savez que nous sommes pressés ; j'ai encore reçu ce matin une lettre de mon client Authier qui me supplie de lui envoyer de l'argent au plus tôt.

Le notaire se leva, étala des papiers, trempa une plume dans l'encre, et la présenta à Marius.

— Signez, lui dit-il simplement.

Marius était resté muet, suivant d'un regard tranquille chaque mouvement de Douglas. Au lieu de prendre la plume, il le regarda en face et lui dit d'une voix calme.

— Hier, je suis allé visiter l'immeuble de la rue de Rome. J'ai vu les locataires et l'ancien propriétaire qui m'ont appris qu'ils ne connaisaient pas M. Authier.

Douglas pâlit, ses lèvres eurent ce frémissement que Marius avait déjà remarqué. Il reprit les papiers, posa la plume et s'assit, en balbutiant :

— Ah !... cela m'étonne beaucoup.

— Avant hier, continua Marius, j'avais reçu la visite de M. de Girousse, un riche propriétaire de Lambesc, et il m'avait affirmé qu'aucun de ses voisins ne portait le nom d'Authier et que cette personne n'existait certainement pas... Aujourd'hui, je vois qu'il ne se trompait point... Que dois-je croire ?

Le notaire ne répondit pas. Il regardait vaguement devant lui, pâlissant et frémissant, se sentant perdu, cherchant sans doute avec désespoir un moyen de salut.

— Je me suis ensuite rendu au quartier de Saint-Just, reprit impitoyablement Marius. La maison que vous m'avez dit avoir grévée d'une hypothèque, au nom de votre client Mouttet, appartient justement à un ancien ami de ma mère, à M. Giraud, qui m'a affirmé que ses biens étaient libres... Je vous le demande encore, que dois-je croire ?

Et comme Douglas gardait toujours le silence :

— Eh bien ! dit le jeune homme avec éclat, puisque vous refusez de répondre, je vais vous dire, moi, ce que je crois et ce qui est... Votre M. Authier n'a jamais existé; c'est là un pantin que vous avez créé pour faire plus à l'aise un trafic honteux. D'autre part, vous n'avez pas pris d'hypothèque et vous avez mis dans votre poche l'argent de Mouttet. Pour arriver à ce beau résultat, vous avez commis plusieurs faux, et aujourd'hui vous êtes tout prêt à en commettre d'autres, pour vous procurer de nouveaux fonds.

Marius parlait à un marbre immobile et insensible. Le calme de Douglas accrut sa colère.

— Je n'ai point à juger vos crimes, reprit-il d'une voix plus haute; mais j'ai à vous demander compte de votre indigne conduite envers moi. Comment! vous vouliez me mêler de gaieté de cœur à vos sales affaires; vous m'auriez compromis, et vous me traitiez avec amitié, vous connaissiez ma position de travailleur... J'ai le droit, n'est-ce pas? de vous dire que vous êtes un infâme.

Le notaire ne sourcillait pas.

— Et tout à l'heure, continua Marius, il y avait là des prêtres qui vous bénissaient... Ah! vous avez joué votre rôle avec une science parfaite. Moi seul, dans Marseille, sais ce que vous êtes, et si je disais tout haut quelle est l'énormité de votre crime, on me lapiderait peut-être, tant vous avez dupé habilement le public. Comment croire que le notaire Douglas, cet homme estimé de tous, cet homme frugal et religieux, travaille honteusement dans l'ombre à la ruine de sa vaste clientèle... Moi-même, je douterais encore de votre infâmie, si je pouvais en douter, à vous voir si calme devant moi, dans votre attitude humble et pieuse de moine en prière... Mais parlez donc, défendez-vous, si vous le pouvez.

Douglas avait pris un couteau à papier et le tournait entre ses doigts, comme indifférent à tout ce que disait Marius.

— Que voulez-vous que je vous dise? répondit-il enfin. Vous me jugez en enfant. Je vous laisse crier. Peut-être m'écouterez-vous ensuite plus paisiblement.

VII.

Les spéculations du notaire Douglas.

Lorsque Marius entendit Douglas l'accuser de le juger en enfant, il se révolta et ouvrit les lèvres pour lui crier qu'il le jugeait en honnête homme. Ce misérable était d'une impudence rare ; il traitait d'enfants ceux dont la conscience indignée condamnait son infâmie. Ce faussaire trouvait puéril qu'on lui reprochât ses faux, et il prenait des attitudes d'homme incompris.

Comme le jeune homme allait se récrier, le notaire l'interrompit, avec un mouvement d'impatience.

— Si vous parlez toujours, lui dit-il, vous aurez toujours raison. Je vous ai laissé m'insulter en paix. Que diable ! laissez-moi me défendre en toute tranquillité... Certes, j'aurais préféré que mon système ne fut pas connu de vous. Mais puisque vous avez découvert une partie de la vérité, j'aime mieux tout vous dire. Je vous sais intelligent ; vous me comprendrez mieux que tout autre... D'ailleurs, je suis las ; je n'ai pas réussi dans l'application de ma théorie, et je sais bien que je suis perdu. C'est pour cela que je consens à me confesser entièrement à vous. Vous verrez que je n'ai rêvé la ruine de personne, et que j'étais de bonne foi, lorsque je vous ai amicalement offert de gagner quelque argent. Enfin, vous me jugerez, et j'espère qu'ensuite vous me considérerez simplement comme un spéculateur malheureux... Veuillez m'écouter.

Marius croyait rêver. Il regardait Douglas comme on regarderait un fou qui parlerait raisonnablement. Le ton paisible de cet homme, le peu de remords qu'il montrait, ses gestes convaincus le faisaient ressembler à un inventeur sincère qui expliquerait tristement, mais sans honte, pourquoi son invention n'a pas réussi.

— N'entrons pas dans les détails, reprit-il, écartons les affaires Authier et Mouttet qui sont de peu d'importance. Ce qu'il faut voir et juger, c'est l'ensemble de la machine vaste et compliquée que j'étais parvenu à établir...

Vous vous étonnez de ma complaisance. Je vous le répète, je suis perdu, je puis parler sans craindre de me compromettre. Je trouve même une sorte de volupté âpre à vous expliquer mon invention.

Il se posa devant Marius en homme qui a une histoire intéressante à conter. Il jouait toujours négligemment avec le couteau à papier.

— Avant tout, dit-il, je reconnais avec vous que j'ai failli à mon mandat et que je suis un grand criminel, si l'on me considère comme un notaire. Mais je me suis toujours regardé comme un banquier, comme un manieur d'argent. En un mot, veuillez ne voir en moi qu'un spéculateur... Lorsque je succédai à mon ancien patron, l'étude n'avait qu'une assez maigre clientèle. Mes premiers efforts ont tendu à faire de cette étude le centre d'un grand mouvement d'affaires. Il m'a fallu satisfaire à toutes les demandes, prêter à qui avait besoin d'argent, emprunter à qui ne savait où placer, vendre à qui désirait acheter, acheter à qui cherchait à vendre... J'ai imité les chasseurs qui s'entourent d'oiseaux en cage pour appeler les oiseaux libres ; j'ai créé une quarantaine de personnages imaginaires sous les noms desquels j'ai pu faire des transactions de toute espèce. Authier, je vous l'avoue, est un de ces personnages. Il m'a été ainsi permis d'acheter un grand nombre d'immeubles que j'ai payés au moyen d'emprunts faits par les acquéreurs fictifs et en donnant hypothèques sur ces immeubles... Je me suis créé de la sorte un capital, un roulement de fonds, une clientèle nombreuse qui ont servi de base à mon crédit.

Douglas parlait d'une voix nette. Il continua après un court silence.

— Vous devez le savoir, lorsqu'on spécule sur l'argent, on se trouve parfois en face d'exigences terribles. Je me serais forcément arrêté à mes premières spéculations si, mes immeubles se trouvant grevés, je n'avais pu me procurer d'une façon quelconque les fonds nécessaires aux autres opérations que je rêvais. J'usai du moyen qui me parut le plus simple et le plus commode. Lorsque les hypothèques eurent absorbé la valeur des biens, je rendis les biens libres par une fausse quittance, et je les offris ensuite en garantie à de nouveaux emprunts.

— Mais c'est infâme ce que vous me dites-là, sécria Marius.

— Je vous ai prié de ne pas m'interrompre, reprit Douglas brusquement. Je me défendrai tout à l'heure, je me contente d'exposer des faits... Je dus bientôt agrandir mon système. Mes quarante personnages imaginaires ne me suffisaient plus. J'eus alors recours à un moyen extrême dont l'audace réussit parfaitement. Je fis contracter des emprunts à des propriétaires, à des commerçants connus dont je grévai les biens et contrefis la signature ; après chaque nouvelle hypothèque, j'opérai une radiation, à l'aide d'une fausse quittance, ce qui me mettait à l'abri de toute inquiétude... Vous comprenez ; c'est très simple.

— Oui, oui, je comprends, murmura Marius qui finissait par croire que le notaire était fou.

— D'ailleurs, continua Douglas, j'ai battu monnaie de n'importe quelle façon, lorsque cela a été nécessaire. Je voulais marcher droit à mon but, et je suis toujours allé en avant sans m'inquiéter des obstacles, en acceptant franchement toutes les conséquences de ma théorie... Ainsi, j'ai parfois créé tout ensemble et le débiteur et l'immeuble ; j'ai pris des hypothèques sur des propriétés qui n'existaient pas ou qui n'appartenaient pas aux prétendus emprunteurs... D'autres fois, lorsque j'ai eu de pressants besoins d'argent, pour faire face à quelque exigence imprévue, j'ai créé sous les noms des premiers négociants de Marseille, des billets à ordre que j'ai émis à perte, après les avoir endossés moi-même... Vous voyez bien que je ne vous cache rien et que je m'accuse moi-même. Je me mets à nu devant vous, parce que je tiens à me justifier, et que je dois désormais renoncer à appliquer mon système.

Marius était littéralement épouvanté. Il descendait en frissonnant jusqu'au fond de l'abîme où se trouvait Douglas. Cet homme parlait de système, de justification, et l'employé ne pouvait comprendre le sens de ces mots, dans une telle circonstance. Il sentait qu'il était devant ce phénomène moral, devant une monstruosité humaine, et il subissait la confession étrange de son interlocuteur, comme on subit un cauchemar. Il lui semblait qu'il se trouvait dans le bruit et la fumée d'une machine, au milieu d'engrenages qui se mordaient. Il se perdait au fond des spéculations du notaire, il n'osait suivre les pensées de ce misérable, qui s'élargissaient à l'aise dans le crime.

— Ainsi, reprit Douglas, vous avez bien compris quel a été mon système. En principe, j'ai voulu être banquier, faire valoir les fonds qui me passaient entre les mains. J'ai acquis pour mon propre compte des immeubles que j'ai cru pouvoir revendre avec bénéfice. Ma théorie des noms supposés répondait à toutes les exigences ; à l'aide de ces noms, je n'ai renvoyé aucun de ceux qui se sont adressés à moi ; j'ai été, suivant l'occasion, prêteur, emprunteur, acheteur et vendeur. Lorsque les fonds que me fournissait mon crédit personnel ou celui que j'étais parvenu à donner aux noms imaginaires, ne m'ont pas suffi, je m'en suis procuré d'autres en grévant d'emprunts simulésla première personne venue, parent, ami ou client, sauf à libérer plus tard les biens de cette personne, comme je les avais hypothéqués, toujours à son insu. En un mot, mon étude est devenue une maison de banque.

— Une maison de vol, cria Marius, une manufacture de faux.

Douglas haussa légèrement les épaules.

— Vous devriez déjà me comprendre, dit-il, et voir que je n'ai jamais cherché à voler un seul de mes clients. J'espère que vous me rendrez justice tout à l'heure... Il me reste à vous parler de ma meilleure invention. Pour gérer les immeubles acquis et faire valoir les sommes empruntées, j'imaginai d'établir des procureurs fondés, qui représenteraient habituellement mes quarante personnages imaginaires ; je choisis pour procureurs fondés des jeunes gens honorables, dont je me fis des complices inconscients. J'avais foi en mon système et j'aurais à coup sûr enrichi ceux qui m'aidaient, si de fâcheuses circonstances ne m'avaient empêché de réussir. Lorsque je vous ai offert de représenter Authier, je voulais uniquement, je vous le répète, vous venir en aide et vous faire participer aux gains d'une spéculation que je croyais excellente.

Ces dernières paroles exaspérèrent Marius. Il était à bout de courage, et il sentait qu'il allait devenir fou, s'il continuait à entendre les étranges discours de Douglas.

— Je vous ai écouté patiemment, dit-il en frémissant. Les infâmies que vous venez de me conter avec une rare impudence, me prouvent que vous êtes un imbécile ou un coquin.

— Eh ! non, interrompit le notaire en frappant du poing sur son bureau. Vous ne m'avez pas compris, décidément. Je vous l'ai répété quatre ou cinq fois, je suis un banquier... Ecoutez-moi, par grâce.

Douglas s'était levé. Il se posa devant Marius, d'un air simple et digne. Rien dans son attitude n'indiquait la peur ni la honte.

— Vous m'avez appelé coquin et voleur, dit-il doucement, et je vous ai laissé m'insulter ; vous m'accusiez au nom de la société, vous parliez comme un procureur du roi qui jugerait légalement ma conduite. Vous devez vous placer à un autre point de vue, si vous voulez me comprendre... Raisonnons un peu. Un voleur, n'est-ce pas ? est celui qui dérobe le bien d'autrui et qui s'enfuit, lorsque ses poches sont pleines. Jamais je n'ai eu la pensée du vol. Il y a six ans que j'applique mon système, et je suis plus pauvre que le premier jour ; mes opérations n'ont pas réussi, j'ai même perdu quelques milliers de francs qui m'appartenaient. Vous savez qu'elle a été ma vie : j'ai bu de l'eau et mangé du pain ; j'ai mené une existence de travailleur austère et infatigable. Mon seul luxe a été de faire quelques aumônes. L'étrange voleur qui a vécu dans son cabinet comme dans un cloître et qui a remué des sommes énormes sans être seulement tenté d'en détourner un sou ! Avouez que si j'étais vraiment un voleur, il y a longtemps que j'aurais amassé des fonds dans ma caisse et que je me serais sauvé.

Marius demeura surpris et embarrassé. Il n'avait pas envisagé la question sous ce point de vue. Evidemment, cet homme avait raison; on ne pouvait l'accuser de vol.

— Ce qui vous blesse et vous irrite, reprit Douglas, c'est mon système lui-même. Il a échoué, et je vais être un grand criminel ; s'il avait réussi, j'aurais réalisé une grande fortune sans faire le moindre tort à personne, je serais immensément riche et tout le monde m'estimerait... Oui, ma base d'opération a été le crime ; j'ai spéculé sur le faux, j'ai suivi une voie hardie et nouvelle. Mais, dans ma pensée, la réussite était certaine, j'avais foi en mon activité, je ne songeais pas que je pouvais entraîner quelqu'un dans ma chute. Là a été mon aveuglement... Voyez quelle était ma conduite ; je prenais des hypothèques sur des immeubles qui n'existaient pas ou qui étaient déjà donnés en garantie, mais je payais les intérêts des sommes prêtées; je passais des billets faux, mais je remboursais ces billets; mes personnages imaginaires n'étaient en quelque sorte que des prête-nom derrière lesquels je me trouvais, et je les faisais agir uniquement pour agrandir mes spéculations. Comprenez-moi bien : je voulais avant tout me procurer des fonds et les faire valoir ; peu importent les valeurs fictives que j'ai émises, peu importent les actes faux, les moyens quelconques que j'ai employés afin d'étendre mon crédit et le cercle de mes affaires. En matière de spéculation, la seule réalité est le gain qu'on tire plus ou moins habilement d'un capital. Voyez à la Bourse, on trafique sur de simples suppositions. Admettez un instant qu'en achetant et vendant des immeubles, à l'aide de l'argent des autres, j'aie réussi à doubler le capital que je m'étais procuré illégalement; je remboursais intégralement ce capital, je ne volais personne, je détruisais les actes faux, et je me retirais avec une fortune gagnée par mon travail et mon intelligence. C'est là tout mon système. N'ayant pas de fortune personnelle, il m'a fallu emprunter à mes clients la mise de fonds nécessaire à toute opération. Ce n'était pas un vol, c'était un simple emprunt.

En entendant les raisonnements clairs et logiques de Douglas, une sorte d'épouvante s'emparait de Marius. Le notaire grandissait terriblement à ses yeux. Pendant un moment, il le regarda comme un génie déclassé qui avait employé dans le mal de rares facultés d'énergie et d'audace. Si cet homme avait eu de larges moyens d'action, peut être aurait-il accompli de grandes choses. Au fond de tout criminel de la taille de Douglas, il y a des qualités supérieures.

Marius s'étonnait surtout de la façon simple et naturelle dont le notaire parlait des faux qu'il avait commis. Des détraquements avaient dû se produire dans cette intelligence. Cet homme était malade ; la fièvre de spéculation qui le brûlait, l'avait peu à peu amené à considérer le crime comme un moyen excellent, pourvu que le crime restât caché et impuni. Il le disait lui-même : tout faussaire qu'il était, il croyait rester honnête, du moment où il ne faisait perdre un sou à personne. Le sens moral lui manquait, il ne sentait pas que le crime porte son infâmie en lui.

Après un silence, Douglas reprit en hochant la tête :

— Les systèmes sont toujours beaux, la pratique seule vous fait ouvrir les yeux sur les défauts du raisonnement. En théorie, je devais gagner une immense fortune. Je ne sais comment les choses ont tourné, je me trouve écrasé de dettes, et je vois bien que je suis perdu... J'ai englouti plus d'un million dans des opérations malheureuses ; toute ma clientèle est ruinée...

La voix du notaire avait faibli, et l'émotion faisait monter des larmes à ses yeux. Il se mit à marcher fièvreusement, et, tout en marchant :

— Vous ne pouvez vous imaginer, dit-il, quelle vie atroce je mène depuis deux ans. Toutes mes opérations ont manqué. Alors, je me suis trouvé en face d'exigences terribles. Pour conserver mon crédit, pour dissimuler mes faux, il a fallu que journellement j'en commît d'autres. Je ne songeais plus à gagner de l'argent, je songeais à me défendre, à me sauver du bagne. Dieu m'est témoin que si j'avais pu rattraper les capitaux compromis j'aurais remboursé tout le monde, pour vivre ensuite selon la loi commune. Mais les intérêts énormes que j'avais à payer m'ont écrasé ; j'ai revendu à perte les immeubles acquis ; j'ai eu beau me débattre, la mauvaise chance s'est attachée à moi et m'a poussé jusqu'au fond de l'abîme. Aujourd'hui, mon passif est énorme, je ne puis faire face aux échéances de cette quinzaine, et, pour moi, une suspension de paiement équivaut à une condamnation aux travaux forcés ; si la justice jette un seul coup d'œil dans mes papiers, je suis à l'instant mis en prison.

Marius se sentait presque de la pitié pour ce misérable. Douglas s'assit de nouveau et reprit avec abattement :

— D'ailleurs, tout est fini, je me suis confessé à vous, je sais que vous allez me livrer à la justice... Je veux en finir, car ma position n'est plus tolérable... Vous avez raison, je suis un infâme et je dois être puni.

Marius ne bougea pas. Il songeait, ne sachant quel parti prendre. Une crainte le retenait; il ne voulait pas être mêlé à cette affaire, redoutant d'être appelé comme témoin et de perdre un temps précieux; sa mission le réclamait. D'autre part, il n'avait pas charge de dénoncer le notaire ; désormais, cet homme avait les bras liés, il allait fatalement au devant du châtiment, il tomberait de lui-même entre les mains de ses juges.

— Eh bien ! pourquoi hésitez-vous ? demanda Douglas. Vous savez tout; j'attendrai ici les agents que vous enverrez.

Le jeune homme se leva, déchira les procurations sur lesquelles se trouvait son nom.

— Vous êtes un misérable, répondit-il, mon jugement n'a pas changé. Mais je n'ai pas besoin d'aider le ciel qui saura bien vous punir sans moi. Le châtiment viendra de lui-même.

Et il sortit.

Voici en quelques lignes la fin de cet épisode. Le lendemain, Douglas ne pouvant faire face à ses échéances, prit la fuite. A cette nouvelle, une véritable panique se répandit dans Marseille. Plusieurs fortunes étaient compromises, et l'on ne pouvait encore mesurer toute l'étendue du désastre. Ce fut une sorte de malheur public. A l'effroi des intéressés se mêlait la stupeur des honnêtes gens; on ne pardonnait pas au notaire l'hypocrisie qui avait trompé toute une ville pendant plusieurs années.

Douglas fut repris et jugé à Aix, au milieu d'une irritation terrible. Il accepta son rôle avec un rare sang-froid. Sans lui, jamais la justice n'aurait réussi à voir clair dans une affaire aussi embrouillée. Le tribunal avait à juger plus de neuf cents actes entachés de tous les genres de faux, variés de tant de manières que l'esprit ne saurait concevoir aucune combinaison que le faussaire n'ait employée. Les faits qu'on lui reprochait étaient si nombreux, ils se compliquaient de tant de détails, ils atteignaient un si grand nombre de victimes, qu'il était devenu impossible de porter la lumière dans ce chaos sans le concours de celui qui, après avoir imaginé et exécuté ses crimes, était demeuré seul maître de son secret. Douglas travailla avec un zèle infatigable et une étonnante véracité à débrouiller le désordre de ses affaires et à fixer sa position, ainsi que celles de ses créanciers et de ses débiteurs.

D'ailleurs, il se défendit toujours énergiquement contre l'accusation de vol. Il répéta à plusieurs reprises qu'il était simplement un spéculateur malheureux, et que, si la justice et les circonstances le lui avaient permis, il aurait rétabli ses affaires et celles de ses clients. Il sembla accuser le tribunal de lui lier les mains et de l'empêcher de réparer le mal qu'il avait fait.

Il fut condamné aux travaux forcés à perpétuité et à l'exposition publique.

VIII

Comme quoi un homme laid peut devenir beau.

Il y avait plus de deux mois que Marius et Fine étaient de retour à Marseille. Le jeune homme, en sortant de l'étude de Douglas, dut s'avouer qu'il avait jusque là perdu son temps et qu'il n'avait pu encore trouver le premier sou des quinze mille francs nécessaires au salut de Philippe. Décidément, il ne savait qu'aimer et se dévouer ; il se sentait l'âme trop droite, l'esprit trop loyal et d'une simplicité trop généreuse pour se procurer en quelques semaines la forte somme qu'il cherchait avec désespoir. Il s'était toujours conduit comme un enfant ; les déplorables incidents auxquels il venait de se trouver mêlé, les amours d'Armande et de Sauvaire et les crimes de Douglas, lui montraient la vie sous un aspect terrifiant qui le décourageait; il reculait au lieu d'avancer; il craignait, en faisant une nouvelle tentative, d'échouer et même de se compromettre, en tombant une fois de plus sur des coquins qui l'exploiteraient. Il finissait par ne plus voir que des pièges autour de lui. Ces cœurs tendres, ignorant le mal et voulant le bien, sont brisés et saignent fatalement à chaque heure de la vie.

Cependant le mois de décembre approchait. Il fallait se presser, si l'on voulait sauver Philippe. On ne pouvait plus compter sur aucune pitié, et le condamné serait attaché à l'ignoble poteau. A ces pensées, Marius pleurait d'impuissance et de lassitude. Il aurait voulu délivrer son frère par une besogne de géant; si on l'eut mis à l'épreuve, il se serait engagé à trouer le mur du cachot avec ses ongles, à égratigner et à émietter la pierre sous ses doigts. Cette tâche d'ouvrier ne lui eut pas paru lourde, et il en serait venu à bout, quitte à user ses mains. Mais la pensée des quinze mille francs l'épouvantait; dès qu'il s'agissait d'argent, de démarches humbles ou de trafics plus ou moins honorables, il perdait la tête, il se sentait incapable de mener à bien la moindre entreprise. Cela expliquait la naïve confiance qui l'avait poussé chez Armande et chez Douglas.

Toute espérance n'était pourtant pas morte en lui. Grâce aux qualités mêmes qui le rendaient faible, à la bonté de son cœur et à la droiture de son esprit, il revenait toujours à des pensées de confiance et d'espoir. Les leçons que les misères et les hontes de la vie lui donnaient, ne pouvaient l'empêcher de croire toujours à la bienveillance et à la sympathie secourable d'autrui.

— J'ai encore plus de six semaines devant moi, pensait-il. Il est impossible que je ne trouve pas un véritable ami d'ici-là. Rien n'est désespéré.

Il serait à coup sûr tombé malade, dans les angoisses, dans les espérances et les désespérances de sa tâche, s'il n'avait eu à son côté un ange consolateur qui lui souriait aux heures mauvaises. Une étroite intimité s'était établie entre lui et les Cougourdan. Presque chaque jour, il allait voir Fine et passait de longues soirées avec elle. Dans les commencements, ils parlèrent ensemble de Philippe ; puis, tout en n'oubliant pas le pauvre prisonnier, ils s'entretinrent d'eux-mêmes, de leur enfance et de leur avenir. Ce furent des causeries pleines d'abandon qui les reposaient des fatigues et des anxiétés de la journée et qui leur donnaient de nouvelles forces pour le lendemain.

Peu à peu, chaque matin, Marius souhaita ardemment d'être au soir, afin de se retrouver dans la petite chambre de Fine. Quand il avait un espoir, il accourait pour en faire part à son amie, et, quand il avait un chagrin, il accourait encore, pour lui tout conter et recevoir ses consolations. Là seulement, au fond de cette mansarde propre, qui sentait bon et qui avait des clartés douces, il vivait à l'aise, dans une tristesse attendrie. Un soir, il voulut absolument aider la jeune fille qui faisait des bouquets pour la vente du lendemain ; il prit un plaisir d'enfant à ôter les épines des roses, à réunir les œillets en minces touffes, à prendre, une à une, délicatement, les violettes et les marguerites qu'il présentait ensuite à Fine. Dès-lors, il devint fleuriste, de huit à dix heures. Ce travail l'amusait, disait-il, et calmait ses inquiétudes. Lorsqu'il touchait les doigts de Fine, en lui offrant les fleurs, il sentait des chaleurs douces lui monter au visage ; le malaise étrange, l'émotion pénétrante qu'il éprouvait alors, était sans doute la seule cause de la vocation subite qu'il avait montrée pour l'état de fleuriste.

Certes, Marius était un grand naïf. On l'aurait beaucoup étonné, on l'aurait même blessé, en lui démontrant qu'il devenait amoureux de Fine. Il se serait écrié qu'il se savait bien trop laid pour oser aimer la jeune fille, et que d'ailleurs un pareil amour, né et grandi à l'ombre du malheur de son frère, lui semblerait un crime. Mais son cœur aurait bientôt protesté. Jamais Marius n'avait vécu dans l'intimité d'une femme. Il s'était laissé prendre au premier regard affectueux. Fine, le consolant, l'encourageant, ayant toujours pour lui un sourire caressant et une tiède poignée de main, lui parut d'abord être tout à la fois une sœur et une mère que le ciel lui envoyait dans son infortune. La vérité était qu'à son insu cette sœur, cette mère, devenait une épouse, une épouse qu'il aimait déjà de toute la passion tendre et dévouée de son cœur.

Et cet amour devait naître forcément, entre deux jeunes gens qui pleuraient et qui souriaient ensemble. Le hasard les avait rapprochés et leur bonté les mariait. Ils étaient dignes l'un de l'autre, il y avait en eux la sympathie toute puissante du dévouement et de l'abnégation.

Fine depuis quelque temps avait des sourires sournois que Marius ne voyait pas. Elle devinait que le jeune homme l'aimait, avant même que celui-ci ne se fut aperçu de son amour. Les femmes ont une vue exquise pour pénétrer ces sortes de secrets ; elles lisent dans les yeux de leurs amants et vont jusqu'à l'âme. D'ailleurs la bouquetière cacha soigneusement les rougeurs de ses joues et les palpitations de ses seins ; elle s'étudia à rester l'amie cordiale de Marius, à ne pas lui ouvrir les yeux par une poignée de main plus brûlante et plus fiévreuse. A les voir, chaque soir, assis en face l'un de l'autre, ayant entre eux une table chargée de roses, on les aurait pris pour un frère et une sœur.

Fine, chaque dimanche, se rendait à Saint-Henri. Elle s'était prise pour Blanche d'une sorte de pitié sympathique, d'une amitié miséricordieuse. Cette pauvre jeune fille qui allait être mère, et dont la vie et le cœur étaient brisés à jamais, lui devenait plus chère chaque jour; elle voyait ses remords, ses larmes de regret, elle assistait à son existence vide et désolée, et elle cherchait par ses visites à adoucir son infortune. Elle apportait son gai sourire dans cette petite maison de la côte où Blanche pleurait en songeant à Philippe et à son enfant. C'était, pour la bouquetière, comme un saint pèlerinage qu'elle accomplissait religieusement. Elle partait vers midi, après le déjeuner et restait jusqu'au soir avec Mlle de Cazalis. Le soir, à la nuit tombante, elle trouvait Marius qui l'attendait au bord de la mer, et ils rentraient tous deux à Marseille, à pied, en se donnant le bras, comme deux jeunes époux.

Marius goûtait des jouissances pures pendant ces promenades. Le dimanche soir était devenu pour lui la récompense de tous ses efforts de la semaine Il attendait Fine sur le bord de la mer, oubliant ses chagrins, guettant avec une anxiété pleine de volupté l'arrivée de la jeune fille ; puis, quand elle était là, ils se souriaient et revenaient à petits pas, dans les ombres douces de la nuit naissante, en échangeant des paroles d'amitié et d'espoir. Jamais le jeune homme ne trouvait le chemin assez long.

Un dimanche soir, Marius arriva de bonne heure. Comme une pensée de délicatesse l'empêchait d'entrer dans la maison de Blanche et de renouveler ses douleurs, il s'assit sur une falaise qui se dresse près du village, et pris patience en regardant l'immensité bleue qui se creusait devant lui. Il resta près de deux heures, abîmé dans une rêverie vague, dans des pensées de tendresse et de bonheur qui le berçaient mollement. L'immense horizon l'attendrissait; à son insu, tout son amour pour Fine lui montait du cœur aux lèvres ; la mer et le ciel, l'infini des eaux et de l'air le troublait et lui ouvrait l'âme ; il ne voyait que Fine dans la large mer, il n'entendait que son nom dans le bruit sourd et régulier des vagues.

La bouquetière arriva et s'assit sur le rocher, à côté du jeune homme. Marius lui prit la main, sans parler. Devant eux, s'étendaient la mer et le ciel, d'un bleu doux et pâle. Le crépuscule tombait. Une sérénité profonde alanguissait les derniers bruits et les dernières clartés : les grondements des eaux se faisaient plaintifs et caressants, et, au couchant, de minces lueurs roses jetaient des reflets tendres sur les rochers de la côte. Il y avait des souffles de tendresse dans l'air, une grande voix frissonnante qui allait en s'éteignant.

Marius profondément ému gardait dans la sienne la main de son amie. Il continuait son rêve. Les yeux à l'horizon, sur cette brume vague où la mer et le ciel se confondent, il souriait tristement. Et, à voix basse, sans en avoir conscience, ses lèvres dirent tout haut ce que pensait son cœur.

— Non, non, murmura-t-il, je suis trop laid...

Fine, depuis l'instant où Marius lui avait pris la main, souriait de son air tendre et sournois. Enfin, son ami allait se décider à parler ; elle devinait cela aux regards plus profonds de ses yeux, à la pression plus étroite de sa main. Quand elle entendit le jeune homme dire qu'il était trop laid, elle parut étonnée et fâchée.

— Trop laid, cria-t-elle, mais vous êtes beau, Marius !

La jeune fille avait mis tant d'âme dans le cri qui venait de lui échapper, que Marius tourna la tête et joignit les mains, en la regardant avec anxiété. Fine, comprenant qu'elle avait brusquement livré le secret de son cœur, baissa son front qui se couvrait d'une rougeur légère. Elle resta ainsi, muette et embarrassée, pendant quelques secondes. Mais elle n'était pas fille à reculer devant l'aveu complet de son amour ; il y avait en elle trop de franchise et de vivacité pour qu'elle consentît à jouer la petite comédie hypocrite que jouent toutes les amoureuses en pareille occasion.

Elle releva courageusement le front et regarda en face Marius qui tremblait.

— Ecoutez, mon ami, lui dit-elle. Je veux être franche. Il y a six mois, je ne pensais guère à vous. Je vous croyais laid, je ne vous avais sans doute jamais regardé... Aujourd'hui, la beauté vous est venue ; je ne sais pas comment cela s'est fait, je vous jure...

Malgré toute sa décision, elle hésitait un peu, et de subites rougeurs lui montaient encore aux joues. Elle s'arrêta, ne pouvant dire carrément à Marius qu'elle l'aimait. D'ailleurs, elle connaissait la timidité du jeune homme et parlait uniquement pour l'encourager. Marius restait dans son extase attendrie ; il ne demandait pas davantage, il serait demeuré là, sur la falaise, pendant toute la nuit, sans chercher à obtenir de Fine des aveux plus complets. Fine s'impatientait.

L'histoire de l'amour de la bouquetière était simple, et rien n'est plus facile que d'expliquer comment Marius avait pu devenir beau à ses yeux. Fine avait d'abord aimé la haute taille, le visage énergique de Philippe, avec cet aveuglement des jeunes filles qui les pousse à choisir les beaux garçons, ceux qui ont toute leur beauté sur leur visage et rien dans l'âme. Puis, blessée au cœur par l'indifférence de l'amant de Blanche, voyant clair enfin dans le caractère vaniteux et brutal de cet homme, elle avait jugé sévèrement sa conduite et s'était détachée peu à peu de lui. C'est alors qu'elle se trouva seul à seule avec Marius, dans une intimité qui les rapprochait de plus en plus.

L'amour ici était né de la bonté et du dévouement. Marius, laid pour les yeux du corps, devint beau pour les yeux de l'âme. Dans les commencements, Fine n'avait vu en lui qu'un ami désolé qu'il fallait secourir ; elle avait accepté la moitié de sa tâche, fraternellement, poussée un peu par son amour pour Philippe et beaucoup par son besoin naturel de se montrer serviable. Elle s'était donc jointe à Marius, et leur pensée commune de délivrance les avait unis chaque jour davantage. Leur tendresse se développa ainsi en pleine abnégation ; ils s'aimèrent en se dévouant, en vivant du même espoir, en travaillant à la même œuvre.

Et c'est dans l'accomplissement de cette œuvre généreuse que Marius devint beau. Fine oublia l'irrégularité du visage en voyant les tendresses sereines et exquises du cœur. Elle fut prise d'admiration et d'affection pour cette noble nature, dont l'amour lui parut devoir être d'une hauteur sublime. Etre aimée de cette âme qui se donnait toute entière, fut son rêve, car elle comprenait qu'elle ne trouverait chez aucun homme la même douceur ni la même loyauté. La comparaison forcée qu'elle établit entre Philippe et Marius, fit de ce dernier un être divin, l'ange amoureux rêvé par les jeunes filles. Dès ce moment, le visage de Marius se transfigura pour elle ; elle le vit beau de toute la beauté du regard et du sourire. On l'aurait profondément étonnée en lui disant que son amant était laid.

Marius entendait encore le cri de son amie, ce cri d'amour qui lui disait : « Tu es beau, et je t'aime ! » Il n'osait parler, craignant de dissiper le doux rêve qui alanguissait délicieusement son esprit.

Fine, embarrassée, souriait toujours :

— Vous ne me croyez pas ? demanda-t-elle, parlant pour parler, sans trop savoir ce qu'elle disait.

— Si je vous crois, répondit Marius d'une voix basse et profonde, j'ai besoin de vous croire... Quand vous n'étiez pas là, la voix attendrie des vagues m'a dit un secret... Je ne sais ce qu'ont la mer et le ciel, ce soir. Ils parlent d'une voix si douce qu'ils ont ému mon cœur et troublé mon esprit. A cette heure dernière, dans les mélancolies du crépuscule, je viens de trouver en moi un bonheur que j'ignorais ; l'immense horizon a parlé... Voulez-vous connaître le secret que les vagues m'ont murmuré à l'oreille ?

— Oui, dit la bouquetière dont une émotion poignante faisait trembler la voix.

Marius se pencha davantage, et, d'un ton bas et craintif :

— Les vagues m'ont dit que je vous aimais, murmura-t-il.

L'ombre tombait, plus grise et plus solennelle. Au ciel, des clartés pâles traînaient, dans une transparence laiteuse. La mer, immobile, d'un bleu sombre, s'endormait, en respirant d'une haleine lente et forte. Des senteurs fraîches et salées montaient, portées par le vent du soir, et les sérénités de l'espace flottaient plus mystérieuses, dans la nuit croissante.

L'heure était douce pour un aveu d'amour. Une tendresse divine, un calme souriant sortaient de la grande mer attendrie. Au pied de la falaise, les vagues battaient lentement, berçant la côte qui sommeillait ; elles apportaient leur fraîcheur consolatrice, tandis que, de la terre, chaude encore et fiévreuse, venaient des souffles âpres de passion. On eût dit que la grande mer appuyait de sa voix adoucie les tendres paroles de Marius.

— Eh bien, dit gaiement la bouquetière, les vagues sont de méchantes langues... Vous ont-elles dit la vérité, au moins ?

Marius était loin, bien loin de la terre. L'émotion que la vue de l'infini venait de mettre en lui, l'avait enlevé en plein ciel. Il ne songeait plus aux misérables chagrins d'ici-bas.

— Oui, oui, s'écria-t-il, les vagues ont dit la vérité... Je le sens bien maintenant, mon amie, je vous aime, et il me semble que je vous aime depuis que je suis né... Ah ! que cet aveu me fait du bien. Depuis longtemps, il me manquait quelque chose ; lorsque j'étais en face de vous, des douceurs étranges me pénétraient, j'entendais des voix confuses au fond de moi, et je ne pouvais distinguer les mots inconnus qu'elles murmuraient. Aujourd'hui, elles parlent hautement ; il a suffi du silence de cette falaise, pour que je les entendisse me crier mon amour.

Fine écoutait en souriant les paroles de Marius. L'ombre devenait de plus en plus bleuâtre et mystérieuse.

Le jeune homme eut un moment d'hésitation. Puis d'un ton humble et doux :

— Vous ne vous fâchez pas de ce que je vous dis là ? demanda-t-il... Je sais bien que vous ne pouvez pas m'aimer.

— Vous ne savez rien du tout, répondit Fine avec une brusque tendresse... Bon Dieu! comme vous êtes long à vous décider. Il y a plus d'un mois que ma réponse est toute prête.

— Et cette réponse ?

— Demandez-là aux vagues, reprit la bouquetière en riant.

Et elle tendit ses deux mains à Marius qui se mit à les baiser comme un fou. La nuit était tout à fait venue, et la sourde clameur de la mer se traînait voluptueusement dans les ténèbres. Le jeune homme se pencha vers la jeune fille et posa religieusement un dernier baiser sur son front.

Alors ils bavardèrent comme des amoureux, comme des enfants, avec des puérilités adorables. Ce furent des souvenirs du passé, des projets pour l'avenir. Leur voix était une musique qui les caressait, et ils parlaient pour s'entendre parler, pour sentir l'un l'autre leur souffle tiède courir sur leur visage. Ils étaient si heureux dans la nuit sereine, dans l'ombre, en face de l'infini qui s'ouvrait devant eux !

— Vois-tu, dit Fine à un moment, nous nous marierons quand ton frère se sera évadé. Il faut avant tout que Philippe soit libre.

Au nom de Philippe, Marius frissonna. Il avait oublié son frère. La triste réalité se dressa devant lui. Pendant deux heures, il avait vécu en plein ciel, et voilà qu'il retombait sur la terre du haut de son rêve.

— Philippe, murmura-t-il accablé, oui, nous devons penser à Philippe... Oh ! mon Dieu, mon bonheur serait-il déjà mort... Tu aimes mon frère, n'est-ce pas? Par grâce, dis-moi la vérité.

Fine ne répondit pas et se mit à sanglotter. Les paroles de Marius lui brisaient l'âme. Le jeune homme insista, en se désespérant. Alors la bouquetière cria :

— Je t'aime parce que tu es bon, parce que tu sais aimer, parce que je trouverai en toi un père, un frère et un amant... Tu vois bien que je ne puis aimer Philippe.

Il y avait un tel élan de foi et d'amour dans ce cri, que Marius comprit enfin le cœur ardent et dévoué de la jeune fille. Il la serra entre ses bras, d'un brusque mouvement d'adoration. Maintenant, il n'éprouvait plus qu'une sorte de remords.

— Nous sommes heureux, reprit-il, nous sommes égoïstes. Tandis que nous respirons ici l'air libre du ciel, notre frère étouffe en prison... Ah ! nous ne savons pas travailler à sa délivrance.

— Enfant ! répondit Fine, nous nous aimons à cette heure, nous devenons époux, nous faisons une provision de courage pour la lutte... Tu verras comme on est courageux quand on aime et qu'on est aimé.

Ils restèrent silencieux, la main dans la main. La mer berçait toujours leur amour de sa voix monotone. Ils rentrèrent à Marseille à la clarté des étoiles, pleins de leur jeune espérance et de leur jeune tendresse.

IX

Où les hostilités recommencent.

Blanche menait une vie de larmes. L'automne pâlissait les horizons mélancoliques, la saison devenait froide et triste. De larges frissons secouaient la mer dont les voix se faisaient gémissantes, et, sur la côte, les arbres jetaient leurs feuilles à la terre ; sous la nudité morne du ciel s'étalait la nudité des eaux et du rivage. Cette tristesse de l'air, ces derniers adieux de l'été mettaient autour de Blanche la désespérance qui était dans son cœur.

Elle vivait retirée dans la petite maison de

la côte. Cette maison, située à quelques minutes du village de Saint-Henri, se trouvait isolée sur une falaise et dominait la mer qui venait battre les rochers sous ses fenêtres. Blanche restait pendant des journées entières à regarder et à écouter les vagues dont les bruits réguliers endormaient ses souffrances. C'était là sa seule distraction ; les yeux fixes, la pensée alanguie, elle suivait du regard les grandes nappes d'écume qui se brisaient et jaillissaient ; son être endolori s'apaisait en face de l'immensité douce et monotone.

Parfois, le soir, elle sortait, accompagnée de sa gouvernante. Elle descendait au bord de la mer, elle s'asseyait sur un éclat de rocher. Le vent frais de la nuit calmait les fièvres qui la brûlaient. Elle s'oubliait dans les ténèbres, assourdie par les gémissements des eaux, et elle ne rentrait que lorsque le froid la rendait toute frissonnante.

Une même pensée la courbait toujours. A chaque heure, cette pensée était là, accablante, inexorable. Dans les frissons de la nuit ou dans les tiédeurs du jour, en face de l'infini ou devant le néant de l'obscurité, Blanche pensait à Philippe et à l'enfant qu'elle portait en elle.

Fine était sa grande consolatrice. Si la bouquetière n'avait pas consenti à venir passer l'après-midi du dimanche avec elle, la pauvre enfant serait morte de désespoir. Elle se sentait le besoin impérieux de confier ses tristesses à une bonne âme. La solitude l'effrayait ; car, lorsqu'elle se retrouvait seule, ses remords se dressaient comme autant de fantômes et l'épouvantaient.

Dès que Fine arrivait, les deux jeunes filles montaient dans une petite chambre et s'enfermaient pour causer et pleurer à l'aise. La fenêtre restait ouverte ; au loin, sur le velours bleu de la mer, passaient des voiles blanches, comme des messagères d'espérance.

Et, chaque fois, les mêmes larmes étaient répandues, les mêmes paroles revenaient, déchirantes et attendries.

— Oh ! que la vie est lourde, disait Blanche... J'ai songé toute la journée aux heures que j'ai passées avec Philippe dans les rochers de Jaumegarde et des Infernets. J'aurais dû me tuer dans ces abîmes, tomber au fond de quelque précipice...

— Pourquoi toujours pleurer, toujours regretter, répondait Fine doucement. Vous n'êtes plus une jeune fille, vous allez avoir des devoirs sacrés à remplir. Par grâce, songez au présent, ne vivez pas dans un passé à jamais irréparable... Vous finirez par vous rendre malade, par tuer votre enfant.

Blanche frissonnait.

— Tuer mon enfant ! reprenait-elle avec

des sanglots... Ne me dites pas cela. Il faut que cet enfant vive pour racheter ma faute et obtenir mon pardon... Ah ! Philippe le savait bien, il me le disait bien que je lui appartenais pour toujours. J'ai eu beau le renier, j'ai vainement cherché à tuer en moi son souvenir. Mon orgueil a été brisé, j'ai dû m'abandonner à l'amour plein de remords poignants qui me déchire. Et, aujourd'hui, j'aime Philippe comme jamais je ne l'ai aimé, avec tous mes regrets et tout mon désespoir.

Fine ne répondait rien. Elle aurait voulu que Blanche fût plus forte et acceptât la rude tâche que la maternité allait lui créer. Mais mademoiselle de Cazalis était toujours la pauvre âme faible qui ne savait que pleurer, et la bouquetière se promettait bien de la laisser pleurer, et d'agir lorsque le moment serait venu.

— Si vous saviez, continuait Blanche, combien je souffre, quand vous n'êtes pas là. Je sens Philippe en moi, qui me torture et me brûle ; il revit dans mon enfant, je le porte partout dans mon sein, et partout il me reproche mon parjure... Toujours, il est devant moi, autour de moi, dans moi ; je le vois sur le grabat de son cachot, je l'entends se plaindre et me maudire... Je voudrais n'avoir pas de cœur. Alors, je vivrais tranquille.

— Voyons, calmez-vous, disait Fine.

Devant un tel désespoir, les consolations de la bouquetière restaient souvent impuissantes. La jeune fille assistait avec une certaine terreur à ces scènes de désolation. Elle étudiait l'amour brisé de Blanche, comme un médecin étudie une maladie étrange et terrible, et elle se disait : « Voilà ce qu'on souffre, voilà ce qu'on devient, lorsqu'on aime lâchement. »

Un jour, dans une de ces crises de désespoir, Blanche regarda fixement sa compagne et lui dit d'une voix déchirée :

— Vous devez l'épouser, n'est-ce pas?

Fine ne comprit pas tout de suite.

— Ne me cachez rien, reprit vivement Blanche. J'aime mieux tout savoir. Vous êtes une bonne fille, vous le rendrez heureux, et je préfère le voir marié avec vous que de le savoir dans Marseille, courant les amours faciles... Quand je serai morte, dites-lui que je l'ai toujours aimé.

Et elle éclata en sanglots. La bouquetière lui prit doucement les mains.

— Je vous en prie, lui dit-elle, soyez mère, ne soyez plus amante. S'il est possible, oubliez tout pour votre enfant... D'ailleurs, tranquillisez - vous. Je n'épouserai jamais Philippe ; je serai peut-être sa sœur...

— Sa sœur ? répéta mademoiselle de Cazalis.

— Oui, répondit Fine qui souriait divinement en songeant à Marius. J'aime et je suis aimée.

Et elle lui conta ses amours, elle apaisa sa fièvre en lui parlant de Marius. Blanche, en écoutant le récit de ces tendresses tranquilles, pleura des larmes moins brûlantes. Dès ce jour, elle aima Fine davantage, elle n'eut plus qu'une tristesse sourde en pensant à Philippe, elle se dévoua toute à son enfant. L'amour vrai, l'amour dévoué et généreux de sa compagne entrait dans son cœur.

Parfois, Fine trouvait l'abbé Chastanier dans la petite maison de la côte. Le prêtre apportait à Blanche les consolations de la religion ; il la soutenait en lui parlant du ciel, en l'arrachant de la terre et de ses passions. Il entreprit une lutte entre l'amour de sa pénitente et les abnégations du sacrifice. Il aurait voulu voir entrer mademoiselle de Cazalis dans un couvent, car il comprenait qu'il n'y avait plus, pour elle, de bonheur possible dans la vie et les plaisirs du monde. Elle devait rester éternellement veuve et elle ne possédait pas assez de force d'âme pour se créer une vie paisible dans son veuvage.

Mais le pauvre prêtre était bien ignorant des choses du cœur. Blanche aimait mieux pleurer avec Fine en parlant de Philippe, que d'écouter les sermons de l'abbé Chastanier. Cependant, le vieillard trouvait parfois en lui des accents doux et tendres, et la jeune fille le regardait alors avec étonnement, prise du désir de pénétrer dans le monde calme où il vivait. Elle aurait voulu s'agenouiller au pied des autels et y rester, jusqu'à sa mort, prosternée, abîmée dans une extase qui l'aurait délivrée de tous ses maux. C'est ainsi que peu à peu elle devenait ce qu'elle devait être, une servante de Dieu, une de ces saintes filles que le monde a blessées et qui montent dans le ciel avant leur mort.

Un jour, l'abbé Chastanier resta jusqu'au soir et s'éloigna avec Fine. Il avait à apprendre à la bouquetière des mauvaises nouvelles qu'il ne voulait pas faire connaître devant Blanche. Il trouva sur la côte Marius qui attendait son amie.

— Mon cher enfant, lui dit-il, voilà vos chagrins qui vont recommencer. M. de Cazalis m'a écrit hier. Il s'étonne beaucoup de ce que la sentence prononcée contre votre frère n'ait pas encore reçu son exécution, et il me dit qu'il fait des démarches pour hâter l'heure de l'exposition publique... Où en êtes-vous ?

Comptez-vous délivrer bientôt le prisonnier?

— Eh non! répondit Marius avec douleur, je ne suis pas plus avancé que le premier jour... J'espérais avoir encore au moins six semaines devant moi.

— Je ne crois pas, reprit l'abbé, que M. de Cazalis puisse décider le président à nous manquer de parole... D'ailleurs, notre démarche a été tenue secrète, et cela me fait penser que le sursis durera jusqu'à la fin de décembre, comme on nous l'a promis. Mais je vous conseille de vous hâter... On ne sait ce qu'il peut arriver, et j'ai tenu à vous avertir des faits qui se passent.

Fine et Marius étaient consternés. Ils rentrèrent à Marseille avec le prêtre, silencieux, retombés dans toutes les angoisses de leur misère. Leur amour les avait comme aveuglés pendant une semaine, et voilà qu'ils retrouvaient le même gouffre sous leurs pas.

X

Une exposition publique à Marseille.

Quelques jours après, un matin, comme Marius se rendait à son bureau vers neuf heures, il trouva la rue Paradis encombrée d'une foule bruyante qui descendait vers la Cannebière. Il s'arrêta au coin de la rue de la Darse, et, se dressant sur la pointe des pieds, il aperçut au loin la place Royale pleine de monde; on eut dit un Océan de têtes humaines. Autour de lui, le flot incessant de la foule descendait toujours, avec des bourdonnements sourds; les visages avaient un air curieux et avide; il était aisé de comprendre que tous ces gens se ruaient à un de ses spectacles cruels qui font les délices des multitudes. L'ardente curiosité qui poussait le peuple, s'empara peu à peu de Marius; certaines paroles qu'il saisit au passage mirent en lui une vague anxiété; il voulut aller voir, lui aussi; il se laissa entraîner par tout ce monde qui emplissait la rue comme un torrent.

Il arriva assez facilement jusqu'à la place Royale. Mais là, le flot de curieux sortant de la rue Paradis, se brisait contre une masse compacte de gens qui stationnaient. Chacun se haussait, regardant dans la direction de la Cannebière. Le jeune homme aperçut vaguement des soldats à cheval; il ne distinguait rien autre chose, et ne devinait pas encore quel poignant spectacle pouvait ainsi faire accourir toute la population de la ville.

Autour de lui, la foule grondait. Des voix jetaient de brusques et courtes paroles, au milieu du murmure profond de la multitude. Marius saisissait quelques-unes de ces paroles.

— Il est arrivé d'Aix dans la nuit, disait-on.

— Oui, et il repartira demain pour Toulon.

— Je voudrais bien voir la mine qu'il fait.

— On dit qu'il s'est mis à sangloter, lorsqu'il a vu le bourreau apporter les cordes.

— Non, non, il a fait bonne contenance ; allez, c'est un gaillard robuste qui ne pleure pas comme une femme.

— Ah ! le scélérat ! le peuple devrait ramasser des pierres et le lapider.

— Je vais tâcher de m'approcher...

— Attendez-moi. On doit le huer là-bas... Je veux en être.

Ces paroles coupées, pleines de ricanements, criées avec des gestes emportés, retentissaient cruellement aux oreilles de Marius. Une véritable épouvante s'emparait de lui et une sueur froide lui montait au frond. Il avait peur, il ne raisonnait plus. Il se demandait avec angoisse quel pouvait être cet homme que la foule courait insulter.

La foule se tassait, se pressait de plus en plus. Le jeune homme comprit que jamais il ne pourrait trouer ce mur formidable. Alors il se décida à tourner la place Royale. Il descendit lentement la rue Vacon, prit la rue Beauveau, et déboucha sur la Cannebière. Là, un spectacle étrange l'attendait.

La Cannebière, dans toute sa longueur, du port au cours Belzunce, était emplie d'une foule immense qui augmentait à chaque minute. De chaque rue descendaient des flots de peuple. La multitude devenait de plus en plus serrée et violente. Par instants, des souffles de colère couraient dans la foule, et alors des cris s'élevaient et s'étendaient par larges clameurs, pareils aux grondements profonds de la mer. Toutes les fenêtres se garnissaient de spectateurs; des gamins étaient montés le long des maisons, s'accrochant aux devantures des boutiques. Marseille entier se trouvait là, et chaque curieux tournait avidement les yeux vers le même point. Il y avait sur la Cannebière plus de soixante mille personnes qui regardaient et huaient un malheureux attaché au poteau infâme.

Lorsque Marius eut réussi à s'approcher, il comprit enfin quel était le spectacle qui attirait et retenait la foule. Au milieu de la Cannebière, en face de la place Royale, se dressait un échafaud fait de planches grossières. Sur cet échafaud, un homme était lié à un poteau. Deux compagnies d'infanterie, un piquet de gendarmerie et de chasseurs à cheval entouraient la plate-forme et défendaient le condamné contre l'irritation croissante du peuple.

Marius ne vit d'abord que le misérable lié au pilori et dominant la foule. Une horrible anxiété lui fit chercher à apercevoir le visage du patient. Peut-être était-ce Philippe, peut être M. de Cazalis avait-il réussi à faire avancer l'heure de l'exposition? A cette pensée, la vue de Marius se troubla, il sentit des larmes lui emplir les yeux, et il eut devant ses regards comme un nuage épais qui l'empêchait de rien distinguer. Il s'appuya contre une boutique, près de défaillir, frappé au cœur par chaque cri de la foule. Il en arriva, dans la fièvre qui le secouait, à croire qu'il avait réellement reconnu son frère sur l'échafaud et que c'était bien Philippe qui était là et que la multitude insultait. La honte, la douleur, la pitié qui le saisirent alors, mirent en lui une angoisse atroce. Pendant quelques minutes, il resta comme écrasé ; on ne peut analyser la souffrance, quand elle devient si aiguë et si profonde. Au bout d'un instant, le jeune homme eut le courage de relever la tête et de regarder le condamné.

Le malheureux était fortement lié au poteau. Il portait un pantalon et une veste de toile grise ; ces vêtements, larges et flottants, avaient un air lamentable. Sa tête était couverte d'une casquette dont il avait tiré la visière sur ses yeux. D'ailleurs, il tenait la tête obstinément baissée, dérobant ainsi ses traits aux curieux. Il avait la face tournée vers le port, et pas une fois il ne releva le front pour regarder la large mer qui s'étendait devant lui, libre et heureuse, avec une sorte d'ironie poignante.

Lorsque Marius eut de nouveau contemplé le patient, il lui prit des doutes, il se sentit soulagé. Cet homme paraissait deux fois plus gros que son frère. Puis il connaissait Philippe, il savait qu'il n'aurait pas tenu la tête ainsi baissée et qu'il se serait fait un devoir de rendre à la foule mépris pour mépris. Cependant Marius avait toujours de vagues craintes; cette tête baissée l'inquiétait; il aurait voulu distinguer nettement les traits du condamné.

Autour du jeune homme, la foule continuait à jeter des paroles brèves, des exclamations, des mots de colère ou d'ironie.

— Eh ! lève donc la tête, coquin, criait-on, montre nous ta face de scélérat...

— Oh! il ne la lèvera pas, il se moque de nous, j'ai cru le voir sourire tout à l'heure...

— Enfin, le voilà réduit à l'impuissance. Il a les mains attachées, il ne pourra plus voler...

— Vous croyez cela, vous... Il a failli voler sa grâce...

— Oui, oui, certaines gens, des gens riches, des gens pieux, ont cherché à lui éviter l'humiliation du poteau...

— Un pauvre diable n'aurait pas rencontré de pareilles sympathies...

— Mais le roi a tenu bon ; il a dit que le châtiment devait être le même pour les scélérats de toutes les classes...

— Oh ! le roi est un brave homme...

— Eh! Douglas, coquin, cafard, voleur,

hypocrite, tu ne feras plus tes farces, mon ami, tu n'iras plus dans les églises prier le bon Dieu de protéger tes escroqueries...

Marius respira. Les cris qu'il entendait autour de lui, lui apprenaient enfin quel était le patient. Alors il reconnut Douglas, il vit distinctement la face pâle et grasse de l'ancien notaire. Mais, tout au fond de lui, il songeait à son frère, il se disait que lui aussi aurait peut être à subir les ricanements et les huées de la foule.

La multitude grondait toujours.

— Il a ruiné plus de cinquante familles, le bagne est une peine trop douce pour lui...

— Marseille devrait se faire justice en le déchirant...

— Oui, oui, c'est cela, nous l'enlèverons et nous le tuerons, lorsqu'il va passer.

— Voyez donc comme il semble à son aise, là haut...

— Il ne souffre pas assez, on aurait dû le pendre par les pieds...

— Ah ! voilà le bourreau qui va le délier... Courons vite.

En effet, Douglas descendait de la plate-forme. Il monta dans une petite charrette découverte, attelée d'un seul cheval, qui devait le reconduire à la prison. A ce moment, un grand mouvement eut lieu dans la foule. Tout le peuple se précipita, pour huer, tuer peut être le misérable. Mais les soldats entouraient la charrette et les gendarmes à cheval galopaient, écartant les émeutiers.

Marius regarda une dernière fois le condamné avec une pitié profonde. Cet homme, certes, était un grand coupable, mais le calvaire de honte qu'il montait, faisait de lui plutôt un objet de commisération que de colère.

Le jeune homme était resté adossé à une boutique. Comme il regardait la charrette s'éloigner, il entendit deux ouvriers qui passaient en disant :

— Nous reviendros le mois prochain... Tu sais, on doit exposer ce garçon qui a enlevé une fille... Ce sera bien plus amusant,

— Ah ! oui, Philippe Cayol... Je l'ai connu ; c'est un grand gaillard... Il faudra savoir le jour exact pour ne pas manquer ce spectacle... Il y aura du tapage.

Les ouvriers s'éloignèrent. Marius resta pâle et brisé. Ces hommes avaient raison : dans un mois ce serait le tour de son frère. Et il se disait que le hasard venait de le faire assister à toutes les hontes que Philippe aurait à subir. Il savait maintenant quelles souffrances l'attendaient ; il mettait l'amant de Blanche à la place de Douglas et il s'imaginait l'horrible scène qui aurait lieu. Une angoisse terrible le tint longtemps les yeux fermés, les oreilles pleines de bourdonnements : il voyait Philippe sur la plate-forme, il entendait la foule rire et l'insulter.

XI

Où Marius perd la tête.

Comme Marius était appuyé contre la devanture de la boutique, les yeux à terre, douloureusement ému par le spectacle auquel il venait d'assister, il sentit une main se poser sur son épaule avec une brusquerie amicale.

Il leva la tête et vit devant lui le maître-portefaix Sauvaire.

— Eh ! mon jeune ami, que diable faites-vous là, s'écria ce dernier avec un gros rire... On dirait qu'on va vous attacher à ce poteau.

Et il désignait la plate-forme. Sauvaire

était galamment habillé ; il portait un pantalon et un paletot de drap fin, et son gilet, négligemment boutonné, laissait passer des bouts de chemise blanche. La lourde chaine et les breloques massives de sa montre s'étalaient avec complaisance. Comme il était à peine dix heures, le maître-portefaix se promenait en pantoufles, son feutre souple sur l'oreille et sa belle pipe *d'écume de mer* entre les dents. On sentait que le trottoir de la Cannebière lui appartenait ; il était là comme chez lui, tenant le plus de place possible, regardant les passants d'un air familier et protecteur. Les deux mains dans ses poches, élargissant son pantalon, les jambes écartées, il examinait Marius avec des regards de supériorité pleins de condescendance.

— Vous paraissez triste et malade, continua-t-il. Faites donc comme moi : Portez-vous bien, mangez et buvez bien, menez une joyeuse vie. Ah ! moi, je ne sais pas ce que c'est que le chagrin. Je suis fort, j'ai un bon estomac, je puis dépenser cent francs quand cela me plaît... Je sais qu'il faut être riche pour faire comme moi. Tout le monde n'est pas riche...

Il regardait Marius d'un air de pitié ; il le trouvait si chétif, si pâle, qu'il éprouvait une joie bête à se sentir gras et rouge à côté de lui. Dans ce moment là, il aurait volontiers prêté mille francs au jeune homme.

Marius n'écoutait pas son bavardage. Il lui avait serré la main d'une façon distraite, et était retombé dans ses pensées noires. Il songeait avec désespoir que depuis trois mois il avait lutté vainement et que sa tâche n'était même pas commencée. Le poteau qui se dressait devant lui attendait Philippe, et il lui semblait que ses pieds étaient cloués sur le trottoir et qu'il ne pouvait plus courir au secours de son frère. En ce moment, il se serait vendu pour avoir quelques milliers de francs, il aurait commis une lâcheté.

Sauvaire, ne recevant pas de réponse, continuait à bavarder. Il aimait à entendre le son de sa voix.

— Que diable, disait-il, un jeune homme doit s'amuser. Eh ! pauvre vous, vous ne vous amusez pas assez, vous travaillez trop, mon jeune ami... Ah ! il faut beaucoup d'argent ; les plaisirs, c'est très-cher. Moi, il y a des semaines où je dépense des centaines de francs... Vous ne pouvez pas vous amuser autant que moi, c'est impossible, je le sais ; mais vous pourriez cependant rire un peu, vous avez bien quelques sous, n'est-ce pas ?... Tenez, voulez-vous que je vous mène quelquefois, le soir, dans des endroits où vous ne vous ennuierez pas ?

Le maître-portefaix crut se montrer très généreux en faisant cette proposition à Marius. Il attendit un moment les remercîments du jeune homme. Puis, comme le pauvre garçon gardait toujours un silence désespéré, il lui prit le bras avec autorité et l'entraîna sur le trottoir.

— Je me charge de vous, s'écria-t-il, je vais vous lancer de la belle façon. Je veux que dans huit jours vous soyez presque aussi gai que moi... Je mange dans les meilleurs restaurants, j'ai pour maîtresses les plus jolies femmes de Marseille. Vous voyez, je me promène tout le jour... Voilà une belle vie...

Il s'arrêta et se planta brusquement devant Marius, en se croisant les bras. Il reprit :

— Savez-vous à quelle heure je me suis couché ?... A trois heures du matin. Et savez-vous où j'ai passé la nuit ?... Au cercle Corneille, où l'on jouait un jeu d'enfer. Imaginez-vous qu'il y avait là deux créatures ravissantes, des femmes qui avaient des robes de velours, avec des bijoux, avec des dentelles, avec des choses si chères qu'on n'oserait pas les toucher du bout des doigts... Clairon, une petite brune, a gagné plus de cinq mille francs.

Marius leva vivement la tête.

— Ah ! dit-il d'une voix étrange, on peut gagner cinq mille francs dans une nuit.

Sauvaire éclata de rire.

— Bon Dieu ! que vous êtes naïf, dit-il; j'ai vu gagner des sommes plus fortes. Il y a des gens qui ont de la chance... L'année dernière, j'ai connu un jeune homme qui a gagné seize mille francs en deux nuits... Il entre au cercle avec moi, il n'avait pas un sou sur lui. Je lui prête cinq francs, et, le lendemain, dans la nuit, il possédait seize beaux mille francs... Nous avons mangé cela ensemble. Seigneur ! me suis-je amusé pendant un mois !

Des lueurs rouges passaient sur le visage de Marius. Il se sentait envahi par un frisson chaud qui montait et lui brûlait la poitrine. Jamais il n'avait éprouvé une émotion si poignante.

— Il faut faire partie d'un cercle, pour jouer ? demanda-t-il.

Le maître-portefaix sourit et cligna les yeux d'un air d'intelligence, en haussant les épaules.

— Je croyais, reprit Marius, que les étrangers ne pouvaient être introduits dans un cercle, et que les membres seuls, ayant payé une cotisation, avaient le droit d'y jouer.

— Oui, oui, vous avez raison, répondit Sauvaire en riant, les membres seuls ont le droit de jouer... Seulement ceux qui n'en ont pas le droit, les étrangers, sont souvent en plus grand nombre autour du tapis vert et jouent plus gros jeu que les membres... Comprenez-vous ?

Ce fut Marius qui reprit le bras de Sauvaire. Ils firent quelques pas en silence, puis le jeune homme demanda à son compagnon d'une voix sèche et comme étranglée :

— Pouvez-vous me conduire ce soir au cercle Corneille ?

— Bravo ! s'écria le maître-portefaix. Nous allons rire. Allons, je vois que vous commencez à comprendre la vie. Voyez-vous, le vin, le jeu, les belles, je ne sors pas de là, moi. Quand je vous ai vu si pâle, je me suis dit : Voilà un gaillard qu'il faut lancer. Tâchez de gagner de l'argent, prenez vite une maîtresse, et vous engraisserez, que diable !... Certes, je vous mènerai ce soir au cercle Corneille et je vous ferai connaître Clairon.

Marius eut un mouvement d'impatience. Il se souciait bien de Clairon. Une idée fixe battait dans sa tête. Puisqu'on pouvait gagner seize mille francs au jeu, en deux nuits, il voulait tenter la fortune et demander au hasard la rançon de Philippe. Et il se disait que le ciel le protégerait, qu'il sortirait du cercle les mains pleines d'or.

Il s'était fait comme un détraquement dans

son intelligence droite et généreuse. Sous les coups répétés du malheur, l'esprit de justice et de sagesse qui était en lui, venait de se voiler. Tout l'accablait. L'abbé Chastanier en lui apprenant les nouvelles démarches de M. de Cazalis, lui avait porté le premier coup. Puis, l'exposition de Douglas, ce spectacle terrible et cruel d'infâmie, avait achevé de le troubler, de le rendre fou, en étalant sous ses yeux le châtiment ignoble réservé à son frère. A cette heure, il perdait la tête; réduit à l'impuissance, ne sachant à quelle porte frapper, dans ses angoisses suprêmes, il songeait au jeu comme à un moyen providentiel qui devait le tirer d'embarras où le replonger plus profondément dans le néant de son désespoir.

D'ailleurs, il agissait dans la fièvre, ne sachant plus ce qu'il faisait, obéissant aux instincts de la bête. Il regarda Sauvaire, en se demandant si c'était le ciel ou l'enfer qui venait de mettre cet homme sous ses pas, au moment où la pensée des démarches du député et du supplice de Philippe le torturait. Dans cet instant, il aurait tout accepté, il aurait combattu la mauvaise chance avec des armes criminelles. Il y a ainsi des heures de tentation où les plus belles âmes succombent; le dévouement devient aveugle parfois et pousse aux actions basses. Marius sentait bien qu'il se salissait la pensée et le cœur en allant dans un tripot ; mais la folie était entrée en lui, son impuissance l'irritait, il voulait en finir d'un seul coup et il jetait un défi à la fortune.

— Eh bien, c'est entendu, reprit Sauvaire en le quittant ; où vous trouverai-je, ce soir ?

— Je serai ici, sur la Cannebière, à dix heures, répondit Marius.

Il quitta le maître-portefaix et se rendit à son bureau. Jamais il ne s'était trouvé dans un pareil état d'exaltation. Il passa une journée terrible, secoué par la fièvre, la tête brûlante, les yeux vagues, pensant avec des désirs âpres, à la nuit qu'il allait passer. Il rêvait tout éveillé, voyant l'or s'amonceler devant lui, croyant déjà être riche et s'imaginant que son frère était libre.

Le soir, il alla chez Fine, comme à l'ordinaire, vers huit heures. La jeune fille sentit que ses mains brûlaient.

— Qu'avez-vous donc ? lui demanda-t-elle avec inquiétude.

Il balbutia, il se sauva en disant :

— Ne me questionnez pas... Philippe sera libre et nous vivrons tous heureux.

Il passa chez lui, prit cent francs qu'il avait économisés sou à sou, et alla retrouver Sauvaire. A dix heures, ils entraient tous deux au cercle Corneille.

XII.

Les Tripots marseillais.

Avant de raconter le nouvel épisode de ce drame, avant de montrer Marius dans toutes les angoisses du jeu, il est nécessaire d'expliquer les causes qui ont multiplié les tripots dans Marseille. Celui qui écrit ces lignes voudrait pouvoir étaler, dans toute sa nudité hideuse, la plaie dévorante qui ronge une des villes les plus riches et les plus vivantes de la France. On lui pardonnera la courte digression qu'il va se permettre, en songeant à l'utilité du but qu'il se propose.

On a remarqué que la passion du jeu désolait surtout les grands centres de commerce. Lorsqu'une population entière est livrée à une spéculation effrénée, lorsque toutes les classes d'une ville trafiquent du matin au soir, il est presque impossible que ce peuple de commerçants ne se jette pas dans les émotions poignantes du jeu. Le jeu devient alors une spéculation qui s'ajoute aux autres ; on trafique sur le hasard, on continue la nuit la besogne du jour ; pendant le jour, on a tâché d'augmenter sa fortune en vendant des marchandises quelconques, et, pendant la nuit, on tâche d'augmenter le gain du jour en le hasardant sur le tapis vert. S'il est vrai que le commerce est souvent un jeu de hasard, les commerçants peuvent croire qu'ils ne changent pas de milieu en passant de leur comptoir dans le tripot voisin.

D'ailleurs, la fièvre commerciale est contagieuse. A Marseille, en face de certaines grandes fortunes gagnées en quelques années par des négociants, il n'est pas un jeune homme qui ne rêve une pareille aubaine. Tout le monde veut entrer dans le négoce, la ville entière est une énorme banque où l'on ne vit que pour battre monnaie. Allez sur le port, allez dans tous les endroits où va la foule : vous n'entendrez parler que d'argent, vous vous croirez dans un immense bureau où toutes les conversations sont hérissées de chiffres. La grande affaire est, lorsqu'on a dix francs dans sa poche, d'en gagner vingt, trente, quarante. Ceux qui ont de gros capitaux jouent à la Bourse, achètent et revendent des marchandises. Mais les pauvres, ceux qui ne possèdent que quelques francs, s'adressent au jeu ; n'ayant pas le moyen de tenter de vastes entreprises, ils contentent leur besoin de spéculation en spéculant sur le hasard ; c'est là un moyen de faire fortune ou de se ruiner, à la portée de tout le monde, moyen facile et prompt, négoce étrange, plein d'émotions cuisantes. Le joueur est un spéculateur qui vit dans une nuit toute une existence haletante, qui éprouve les anxiétés, les espérances et les désespoirs d'un négociant. Dans une ville comme Marseille, où l'argent règne, en souverain maître, où la population est secouée par une terrible fièvre commerciale, le jeu devient une nécessité, une sorte de banque ouverte à tous, dans laquelle chacun, le pauvre et le riche, vient risquer ses gros sous ou ses pièces d'or.

Ajoutez à cela que les riches, ceux qui remuent l'argent à la pelle, ceux qui gagnent en une journée des sommes énormes, ne tiennent guère à cet or qu'ils entassent si facilement. Un ouvrier regarde avec dévotion la pièce de cinq francs qu'on lui remet le soir ; il a sué sang et eau pour gagner cette pièce, elle représente pour lui un labeur accablant, de longues heures de fatigue ; il faut qu'il vive avec cet argent, et, pour toutes ces raisons, il le considère avec respect et ne le jette pas par la fenêtre. Mais un négociant, un agioteur qui, tout en restant assis dans son bureau, se trouve avoir gagné le soir plusieurs centaines de francs, ne craint pas de laisser tomber quelques pièces de vingt francs en mettant son gain dans sa poche. Il sait que le lendemain il en gagnera sans doute autant; il est encore jeune et il veut jouir de la vie ; il est demeuré enfermé pendant plusieurs heures, il a besoin de plaisirs bruyants, le soir, d'émotions fortes. Alors, il jette son argent dans les restaurants, dans les cafés, sur les tapis verts ; il dépense cet argent aussi facilement qu'il l'a gagné.

Une ville commerciale est presque forcément joueuse et débauchée. Dans ce grand ruissellement des fortunes, dans ce souffle brûlant de négoce qui pénètre au fond de toutes les maisons, il y a des heures de folie, des besoins impérieux de jouissance. Par moments, ce peuple est aveuglé par l'éclat de l'or ; il se rue dans la débauche comme il s'était rué dans les affaires. Et la fièvre secoue la ville d'un bout à l'autre ; les petits et les grands, les riches et les pauvres sont agités du même frisson, du même besoin de perdre ou de gagner de l'or, jusqu'à la ruine ou jusqu'au million.

On comprend l'existence, j'allais dire la nécessité des tripots dans Marseille. Dernièrement, on comptait plus de cent tripots, et le nombre augmente tous les jours. La police est vaincue par la rage des joueurs. Lorsqu'on découvre et qu'on ferme une maison de jeu, il s'en ouvre deux autres à côté. Pour couper le mal dans sa racine, il faudrait apaiser la fièvre qui agite toute la population. D'ailleurs, à mon sens, le mal est irrémédiable ; on peut tuer l'homme, mais on ne tue pas ses passions.

La police a une action directe sur les tripots ; elle ferme tous ceux qu'elle peut découvrir. Mais son action devient difficile à exercer dans les cercles qui parfois se changent en de véritables maisons de jeu. Les joueurs sont inventifs, pour contenter leur passion ; ils tâchent de mettre la loi de leur côté. Ici, entendons-nous, dans ce que je vais dire, je n'ai nullement la pensée d'attaquer certains cercles honorables de Marseille ; je veux seulement me faire l'historiographe de ces cercles honteux, fréquentés par des escrocs et que le sang d'un suicide a parfois souillés affreusement.

Voici comment un cercle se fonde : quelques personnes demandent l'autorisation de se réunir le soir dans un local désigné, pour causer entre elles, pour boire et même jouer à des jeux permis ; chaque membre doit verser une cotisation, et il est défendu d'introduire des étrangers, c'est-à-dire de tenir une table de jeu ouverte à tout venant. Et maintenant, voici ce qu'il arrive : au bout de quelques mois, on ne cause plus, on ne boit plus, on passe des nuits entières devant le tapis vert ; les mises qui étaient d'abord très faibles, ont monté peu à peu, et il est aisé de se ruiner en quelques nuits ; la discipline s'est relâchée, entre qui veut; il y a plus d'étrangers dans le cercle que de membres, les femmes elles-mêmes sont admises, les filous se présentent bientôt pour dépouiller les joueurs novices, et cela dure jusqu'au moment où la police fait une descente et ferme le cercle. Deux mois plus tard, le cercle se rouvre plus loin, la farce recommence et a le même dénouement.

C'est là une des plaies vives de Marseille, plaie dévorante qui s'étend chaque jour. Les cercles tendent à devenir des tripots, des gouffres où s'engloutissent la fortune et l'honneur des imprudents qui s'y hasardent. Et une fois qu'on a goûté aux joies cuisantes du jeu, tous les autres plaisirs paraissent fades ; on y brûle jusqu'à la dernière goutte de son sang, on y perd jusqu'au dernier sou de sa bourse. Il ne se passe pas de semaine sans qu'il n'y ait un nouveau sinistre, sans qu'une nouvelle plainte ne soit adressée au parquet. Toute ls ville souffre des angoisses du jeu, et toute la ville se précipite dans les tripots.

Ce sont des négociants qui se ruinent autour du tapis vert ; ils viennent là compromettre les intérêts de leurs clients, ils dévorent d'abord leur gain, ils entament ensuite les capitaux qu'on a confiés à leur probité commerciale ; puis, ils sont obligés de se mettre en faillite, et ils entraînent dans leur ruine ceux qui ont eu foi en leur honnêteté.

Ce sont de petits employés qui ont des appétits de luxe et de débauche et que la modicité de leurs appointements empêche de contenter leurs passions ; ils voient autour d'eux les gens riches se vautrer dans les jouissances, avoir des maîtresses, s'étaler dans des voitures, épuiser les joies bruyantes de la vie ; une atroce jalousie les prend à la gorge, ils ont l'âpre désir de mener une pareille existence de fêtes et de plaisirs ; alors, pour se procurer de l'argent, ils jouent, ils jouent d'abord leurs appointements, puis, quand la chance leur est contraire, ils volent leurs patrons, ils entrent dans le crime et en sortent perdus et infâmes.

Ce sont encore des jeunes gens, de pauvres garçons naïfs, tout frais sortis du collège, que dépouillent d'habiles fripons, et qui plongent leur famille dans le désespoir ; s'ils gagnent, ils se jettent dans le vice, ils se traînent dans la débauche ; s'ils perdent, ils font des dettes, ils souscrivent des billets à des usuriers, et ils gaspillent à l'avance la fortune qu'ils auraient possédée plus tard.

On racontait dernièrement une histoire caractéristique. Un employé, qui avait reçu de son patron quelques milliers de francs pour aller payer à la douane le droit d'entrée de certaines marchandises, se rendit le soir dans un cercle et perdit au baccarat l'argent qui lui avait été confié. Ce fut la folie d'un instant ; l'employé était un honnête garçon qui avait eu un accès de fièvre. Le patron menaça de porter plainte. A cette nouvelle, les membres du cercle s'assemblèrent et décidèrent qu'ils rembourseraient eux-mêmes au patron la somme détournée par le commis. Lorsqu'ils eurent payé, le commis signa un billet à l'ordre du caissier du cercle, et le caissier n'a jamais poursuivi le paiement de ce billet que le pauvre employé n'a pas pu payer.

Cette bienveillance des joueurs n'est-elle pas un aveu ? Ils ont compris qu'ils étaient tous coupables solidairement du détournement commis, et ils ont étouffé l'affaire pour que la justice ne vînt pas les accuser et les déranger dans l'assouvissement de leur passion.

C'est dans ce monde frappé de folie, au milieu de ces joueurs fiévreux et lâchement emportés par leurs instincts, que Sauvaire introduisit Marius.

XIII

Où Marius gagne dix mille francs.

Le cercle Corneille était un de ces espèces de tripots autorisés, dont il a été question dans le précédent chapitre. En principe, il devait être uniquement composé de membres, admis à la majorité des voix et payant une cotisation de 25 francs. Mais, en réalité, tout le monde pouvait y entrer et y jouer. Pour sauve garder les apparences, dans les commencements, on se contentait d'afficher sur une glace les noms des nouveaux venus ; ou bien on exigeait des étrangers une carte d'introduction fournie par un des membres.

Bientôt, on n'avait plus demandé de carte, on ne s'était plus donné la peine d'afficher les noms. Entrait qui voulait.

Certes, le maître portefaix était un honnête homme ; il était incapable de commettre une action basse. Mais l'habitude des plaisirs lui avait fait contracter d'étranges amitiés. Il disait naïvement qu'il aimait mieux vivre avec les fripons qu'avec les honnêtes gens ; ces derniers l'ennuyaient, et les fripons le faisaient rire ; il cherchait d'instinct les mauvaises sociétés où il pouvait se débrailler à son aise et s'amuser comme il l'entendait, c'est-à-dire en faisant un tapage de tous les diables. D'ailleurs, sous son air bonhomme, il cachait une ruse et une prudence rares ; jamais il ne se compromettait, jouant peu, s'éloignant dès qu'il courait un danger quelconque. Il n'ignorait pas l'indignité de la plupart des habitués du cercle Corneille ; il y allait parce qu'il trouvait là des femmes faciles et qu'il pouvait y contenter ses appétits de parvenu.

Sauvaire et Marius montèrent un escalier étroit et arrivèrent, au premier étage, dans une vaste salle où étaient rangées une vingtaine de petites tables de marbre ; contre les murs, se trouvaient des divans en velours rouge, et, au milieu, traînaient des chaises de paille ; on eut dit une salle de café. Au fond, était une grande table, recouverte de drap vert et sur laquelle des bandes de soutache rouge dessinaient deux carrés; au centre, il y avait une corbeille pour recevoir les cartes dont on s'était servi. C'était la table de jeu. Des siéges entouraient cette table.

Marius, en entrant, jeta un regard effaré dans la salle. Il suffoquait, comme un homme qui vient de tomber à l'eau et que les vagues étouffent. On aurait dit qu'il entrait dans un antre, dans une caverne où des bêtes féroces allaient le dévorer. Son cœur battait à grands coups, ses tempes se couvraient de sueur. Une sorte de timidité, mêlée de répugnance, le tenait immobile, gauche, l'air embarrassé.

Il n'y avait presque personne dans la salle. Quelques hommes buvaient. Deux femmes causaient vivement et à voix basse dans un coin. La table de jeu restait noire et déserte au fond, le long du mur, car on n'avait pas encore allumé les becs de gaz qui descendaient au milieu du tapis vert. Peu à peu, Mariu reprit son assurance; mais la fièvre battait toujours dans ses veines.

— Que voulez-vous prendre? lui demanda Sauvaire.

— Je ne sais pas, répondit machinalement le jeune homme qui regardait la table de jeu avec une curiosité effrayée.

Le maître portefaix fit servir de la bière ; il s'étendit de tout son long sur un divan et alluma un cigare.

— Ah ! voilà Clairon et son amie Isnarde, s'écria-t-il tout à coup en apercevant les deux filles qui causaient dans un coin... Voyez donc quels amours de femmes. Hein ! qu'en dites-vous ? Il vous faudrait des petites comme cela pour vous consoler de vos chagrins.

Marius regarda les filles. Clairon portait une vieille robe de velours noir, tâchée et éraillée ; elle était petite, brune, fanée ; son visage pâle et souillé de plaques jaunes avait un air de lassitude qui faisait peine à voir. Isnarde, grande, sèche, paraissait plus vieille et plus usée encore ; son corps maigre semblait vouloir percer par endroits sa robe de soie déteinte. Marius ne s'expliqua pas l'admiration passionnée de Sauvaire pour ces misérables créatures. Il détourna la tête et fit un geste de dégoût ; le frais visage de Fine venait de lui apparaître, et il était honteux de se trouver dans un pareil endroit. La pensée du salut de son frère seule le soutenait.

Les deux filles auxquelles les éclats de voix de Sauvaire avaient fait tourner la tête, se mirent à rire.

— Oh ! ce sont des luronnes, murmura le maître-portefaix, on ne s'ennuie pas avec elles... Si vous voulez, nous les emmènerons, ce soir ?

— Est-ce qu'on ne va pas jouer ? demanda Marius d'une voix brusque, en interrompant son compagnon.

— Bon Dieu ! comme vous êtes pressé ! reprit Sauvaire qui s'étalait davantage pour attirer l'attention des filles... Parbleu oui, on va jouer, on jouera jusqu'à demain matin, si vous le voulez... Que diable ! vous avez bien le temps... Voyez donc comme Clairon et Isnarde me regardent...

Peu à peu, les habitués arrivaient. Un garçon alluma le gaz, et plusieurs joueurs allèrent s'asseoir autour de la table de jeu. Les deux filles se mirent à tourner dans la salle, en adressant des sourires aux hommes qu'elles connaissaient; elles finirent par s'asseoir près du banquier qui tenait les cartes, espérant, sans doute, glaner quelques pièces de vingt francs. Sauvaire consentit alors à se rapprocher des joueurs.

Marius se tint un instant debout, étudiant le jeu. Il se pencha vers son compagnon et lui dit :

— Veuillez m'expliquer comment il faut s'y prendre.

Le maître portefaix s'égaya beaucoup de la naïveté du jeune homme.

— Mais, mon bon, lui répondit-il, rien

n'est plus facile. D'où sortez-vous donc ? Tout le monde connaît le baccarat... Tenez, asseyez-vous là... Mettez votre mise sur ce tableau ou sur l'autre, dans un de ces carrés entourés d'une bande rouge... Vous voyez, le banquier se sert de deux jeux de couleurs différentes et de cinquante-deux cartes chacun ; il donne deux cartes à chaque tableau, et s'en donne deux à lui-même... Les dix et les figures ne comptent pas ; le plus haut point est neuf, et il faut tâcher d'approcher le plus près possible de ce point... Si vous avez plus que le banquier, vous gagnez ; si vous avez moins que lui, vous perdez... Voilà tout.

— Mais, dit Marius, je vois certains joueurs demander une carte.

— Oui, ajouta Sauvaire, on a la faculté d'échanger une carte pour arranger son jeu... Souvent on le dérange... Je vous conseille de toujours vous tenir à six ; c'est un joli point.

Marius s'assit devant la table.

— Vous ne jouez pas ? demanda-t-il encore à Sauvaire.

— Ma foi non, répondit le maître portefaix, j'aime mieux rire avec Clairon.

Et il alla rôder autour de la petite brune. La vérité était qu'il ne se souciait pas de risquer son argent. Il trouvait le jeu trop dévorant. Pour lui, les émotions du gain et de la perte étaient trop rapides ; il aimait les joies solides et durables.

Le banquier battait les cartes.

— Faites votre jeu, Messieurs, dit-il.

Marius posa, en frissonnant, cinquante francs sur le tapis. Il avait décidé qu'il jouerait ses cent francs en deux coups.

Des lueurs rouges passaient devant ses yeux ; il entendait en lui une sorte de grondement qui l'étourdissait ; ses oreilles tintaient et sa vue devenait trouble. Ses sensations étaient si violentes qu'elles lui déchiraient la chair.

— Rien ne va plus, dit le banquier.

Et il donna les cartes. C'était à Marius à les relever. Il les prit et les regarda d'un air hébêté. Il avait cinq. Il demanda des cartes et n'eut plus que quatre. On abattit les jeux. Le banquier avait trois. Un murmure d'étonnement courut autour de la table. Marius avait gagné.

A partir de ce moment, le jeune homme ne s'appartint plus. Il vécut comme dans un rêve. Pendant plus de cinq heures, il resta là, abattu, écrasé, endormi par la monotonie du jeu, gagnant toujours, ne perdant que pour gagner plus encore. Il jouait avec une audace qui faisait trembler les joueurs, et il gagnait contre toutes les probabilités, il mettait à sec les banquiers qui se succédaient.

Il avait à côté de lui un homme âgé qui le regardait d'un air stupéfait et envieux. Cet homme finit par se pencher vers lui et par lui demander à voix basse :

— Monsieur, seriez-vous assez bon pour me dire quelle est votre *mascotte ?*

Marius n'entendit pas. Une *mascotte,* dans l'argot des joueurs provençaux, est une sorte de talisman qui protége contre la mauvaise chance celui qui le possède. Tous les joueurs sont plus ou moins superstitieux. Chacun d'eux invente une petite divinité protectrice, un moyen de fixer la fortune.

Le vieux monsieur parut blessé du silence de Marius.

— Je ne crois pas avoir été indiscret, reprit-il ; j'aurais été curieux de savoir ce qui peut vous donner une pareille veine... Moi, je ne me cache pas ; voici ma *mascotte...*

Il se découvrit et montra dans le fond de son chapeau une image de la Vierge. Si Marius avait eu son sang-froid il aurait souri ou se serait indigné peut-être. Mais il était tout énervé par plusieurs heures de jeu, il fit un geste d'impatience et continua à empiler l'or devant lui, sans prononcer une seule parole.

Sauvaire, émerveillé de la chance de son compagnon, était venu se placer derrière sa chaise. Il aimait mieux voir jouer que de jouer lui-même. La vue de grosses sommes d'argent étalées sur une table de jeu le réjouissait, lorsqu'il ne courait pas le risque de perdre. Clairon et Isnarde l'avaient suivi et s'appuyaient familièrement sur le dossier du siége de Marius. Elles se penchaient vers le jeune homme, elles lui souriaient et le caressaient du regard. Pareilles à des oiseaux de proie, elles étaient accourues à l'odeur de l'or.

Cinq heures sonnèrent. Un jour blafard entrait par les croisées. Les joueurs s'en étaient allés un à un. Marius finit par se trouver seul. Il avait dix mille francs de gain devant lui.

Le jeune homme serait resté devant la table de jeu jusqu'au soir, jusqu'au lendemain, sans en avoir conscience, sans se plaindre de la fatigue qui l'accablait. Pendant plus de cinq heures, il avait joué machinalement, n'ayant qu'une idée dans la tête, celle de gagner, de gagner toujours. Il aurait voulu en finir d'un seul coup, gagner en une nuit la somme qui lui était nécessaire, et ne plus remettre les pieds dans le tripot.

Lorsqu'il se trouva seul devant la table, abruti, aveuglé, le corps brisé par l'émotion et la lassitude, il fut désespéré, il chercha quelqu'un du regard pour jouer encore. Il venait de compter la somme qu'il avait gagnée, et il savait qu'elle montait à dix mille francs seulement. Il lui fallait cinq autres mille francs. Il aurait donné tout au monde pour que le jour ne fut pas venu. Peut-être alors aurait-il eu le temps de compléter la rançon de Philippe. Et il était là, regardant ses pièces d'or, les mettant lentement dans sa poche, pliant un à un les billets de banque, cherchant dans la salle un joueur attardé.

Il y avait, à une petite table, près de lui, un homme qui avait regardé jouer toute la nuit sans jouer lui-même. Quand il avait vu que Marius gagnait, il s'était rapproché de lui et ne l'avait plus quitté du regard. Il semblait attendre. Il laissa les joueurs s'en aller un à un, couvant Marius des yeux, étudiant la fièvre qui l'agitait, le guettant comme on guette une proie assurée.

Au moment où le jeune homme, contrarié et tout frissonnant, allait se décider à partir, l'inconnu se leva vivement et s'approcha.

— Monsieur, demanda-t-il à Marius, voulez-vous jouer une partie d'écarté avec moi ?

Marius allait accepter avec joie, lorsque Sauvaire qui le suivait pas à pas, le saisit par le bras et lui dit à voix basse :

— Ne jouez pas.

Le jeune homme se tourna et questionna du regard le maître-portefaix.

— Ne jouez pas, reprit celui-ci, si vous tenez à garder les dix mille francs que vous avez dans votre poche... Pour l'amour de Dieu, refusez et venez vite... Vous me remercierez ensuite.

Marius avait bien envie de ne pas écouter Sauvaire; mais le maître portefaix le tirait peu à peu vers la porte, et, le voyant hésiter, il se chargea de répondre pour lui :

— Non, non, monsieur Félix, dit-il à l'homme qui offrait de jouer à l'écarté, mon ami est fatigué, il ne peut rester plus longtemps... Au revoir, monsieur Félix.

Monsieur Félix parut fort ennuyé de cette réponse. Il regarda fixement Sauvaire, comme pour lui dire : de quoi diable vous mêlez-vous! Puis il tourna sur ses talons, siffla entre ses dents et murmura :

— Allons, j'ai perdu ma nuit.

Sauvaire n'avait pas lâché Marius. Quand ils furent tous deux dans la rue, le jeune homme demanda d'un ton fâché à son compagnon :

— Pourquoi m'avez-vous empêché de jouer?

— Eh! pauvre innocent, répondit le maître-portefaix, parce que j'ai eu pitié de vous, parce que je n'ai pas voulu que ce cher M. Félix vous gagnât vos dix mille francs.

— Cet homme est donc un fripon?

— Oh! non, il reste dans les strictes lois de l'honnêteté.

— Alors, j'aurais gagné.

— Non, vous auriez perdu... Les calculs de M. Félix sont certains... Voici comment il procède. Il ne joue jamais pendant la nuit. Vers le matin, lorsque les joueurs sont tout secoués par la fièvre, il s'adresse à un d'eux, et le fait asseoir à une table d'écarté. Il ne s'agit plus d'un jeu de hasard, il s'agit d'un jeu où l'on a besoin de toute son intelligence et de tout son sang-froid. M. Félix est calme, prudent, il a la tête fraîche et reposée; son adversaire est fièvreux, aveuglé, il ne voit plus même ses cartes, et en quelques coups il est dépouillé le plus honnêtement du monde.

— Je comprends, je vous remercie.

— M. Félix a déjà gagné une véritable fortune en mettant chaque nuit son système en pratique... D'ailleurs, je vous le répète, il joue en parfait honnête homme... Seulement il s'arrange de façon à ce que ses adversaires jouent toujours en parfaits imbéciles. Et voilà comme quoi les gens habiles réussissent... Si j'étais à sa place, je prendrais un brevet d'invention.

Marius restait silencieux. Les deux hommes s'étaient arrêtés au milieu de la rue déserte, en face de la porte du cercle Corneille. Le temps était gris et pluvieux, des odeurs fades trainaient sur les pavés, et le vent du matin avait une fraîcheur pénétrante. Boutonnés jusqu'au menton, frissonnants tous deux, Marius et Sauvaire se courbaient et chancelaient comme des hommes ivres; leur face pâle, leurs yeux vagues disaient clairement aux rares promeneurs la nuit honteuse qu'ils venaient de passer.

Comme Marius allait s'éloigner, il sentit un bras se glisser sous le sien. Il se tourna et reconnut Isnarde. Clairon venait de prendre le bras de Sauvaire. Les deux femmes n'avaient pas quitté ces hommes qui sentaient l'or; elles les avaient suivis, affamées à la pensée des dix mille francs que Marius portait sur lui, se promettant bien de prendre leur part de cette somme. Le jeune homme leur paraissait être un grand innocent dont elles auraient facilement raison et qu'elles dépouilleraient à leur aise.

Isnarde eut un éclat de rire épais, et dit d'une voix légèrement avinée :

— Est-ce que vous allez déjà vous coucher, messieurs?

Marius retira vivement son bras, avec un dégoût qu'il ne prit pas la peine de cacher.

— Mes amours, répondit Sauvaire, je veux bien vous payer à déjeuner... Hein! promettez-moi d'être bien amusantes... Venez-vous, Marius?

— Non, répondit brusquement le jeune homme.

— Ah ! monsieur, ne vient pas, dit alors Clairon d'une voix trainante, ah ! c'est ennuyeux... Il nous aurait payé du champagne... Il nous doit bien cela.

Marius fouilla dans ses poches, en tira deux poignées d'or et les jeta presque à la face de Clairon et d'Isnarde. Les femmes empochèrent l'argent sans se fâcher le moins du monde.

— A ce soir, dit Marius à Sauvaire.

— A ce soir, répondit le maître-portefaix.

Il prit une des deux femmes à chacun de ses bras, et s'en alla ainsi en chantant, en riant aux éclats, en faisant un bruit d'enfer dans la rue silencieuse.

Marius le regarda s'éloigner, puis il gagna, en se trainant le long des murs, sa petite chambre paisible de la rue Sainte. Il était six heures du matin. Il se coucha et s'endormit d'un sommeil de plomb. Il ne se réveilla qu'à deux heures.

En ouvrant les yeux, il aperçut sur sa commode l'argent qu'il avait gagné. Les reflets fauves qui couraient sur les pièces d'or l'effrayèrent presque ; tout d'un coup, il se rappela avec une netteté étrange la nuit qu'il avait passée, il se souvint des plus minces détails, et une émotion poignante le prit à la gorge. Il eut peur d'être devenu joueur, car sa première pensée, au réveil, avait été qu'il retournerait le soir au tripot et qu'il gagnerait encore. A cette pensée, il y avait eu en lui des frissons, des brûlures, toute une volupté cuisante.

Et il se répétait : « Non, ce n'est pas vrai, je ne puis avoir cette horrible passion, je ne puis être devenu joueur du soir au lendemain; je joue pour délivrer Philippe, je ne joue pas pour moi.» Il n'osa s'interroger davantage.

Puis la pensée de Fine lui vint. Alors il se retint pour ne pas éclater en sanglots. Il se dit qu'il avait déjà dix mille francs et qu'il pouvait se dispenser de retourner au tripot; il trouverait aisément cinq mille francs, il ne courrait pas le risque de perdre ce qu'il avait gagné.

Il s'habilla et descendit dans la rue. Sa tête éclatait. Il ne songea pas même à aller à son bureau. Il entra dans un restaurant et ne put manger. Tout tournait devant lui, et, par moments, il étouffait, comme si l'air lui eut manqué tout à coup.

Quand la nuit fut venue, machinalement, pas à pas, il se rendit au cercle Corneille.

XIV

Comme quoi Marius eut du sang sur les mains.

En entrant dans la salle, Marius aperçut à une table Sauvaire entre Clairon et Isnarde. Le maître-portefaix n'avait pas quitté les deux filles depuis le matin. Il se leva et vint serrer la main du jeune homme.

— Ah ! mon ami, lui dit-il, que vous avez eu tort de ne pas venir avec nous... Nous nous sommes amusés comme des bossus... Ces filles sont d'un drôle !... Elles feraient rire des pierres... Voilà comme j'aime les femmes, moi !

Il entraina Marius à la table où Clairon et

Isnarde buvaient de la bière. Le jeune homme s'y assit d'assez mauvaise grâce.

— Monsieur, lui dit Isnarde, voulez-vous que je m'associe avec vous, ce soir.

— Non, répondit-il séchement.

— Il fait bien de refuser, cria Sauvaire d'une voix bruyante. Vous voulez le faire perdre, ma chère... Vous connaissez le proverbe : Heureux en amour, malheureux au jeu.

Et il ajouta à voix basse, en s'adressant à son compagnon :

—Pourquoi ne la prenez-vous pas pour maîtresse ?... Vous ne voyez donc pas les regards qu'elle vous lance.

Marius, sans répondre, se leva et alla s'asseoir devant la table de jeu. Une partie s'organisait, et il avait hâte de retrouver les émotions de la veille.

Il voulut suivre la même tactique. Il mit cinquante francs sur le tapis, et les perdit ; il mit cinquante autres francs, et les perdit encore.

Les joueurs sont justement fatalistes ; ils savent par expérience que le hasard a ses lois comme toutes les choses de ce monde, qu'il travaille parfois toute une nuit à la fortune d'un homme et que souvent, le lendemain, il travaille à sa ruine, avec le même entêtement. Il arrive toujours un moment où la chance tourne, où celui qui a gagné pendant une longue série de coups, perd pendant une nouvelle série toute aussi longue. Marius en était à un de ces moments terribles.

Il perdit à cinq reprises. Sauvaire qui s'était approché et qui suivait son jeu, se pencha vers lui et lui dit rapidement :

— Ne jouez pas ce soir, vous n'êtes pas en veine... Vous allez perdre tout ce que vous avez gagné hier.

Le jeune homme haussa les épaules avec impatience. Sa gorge se séchait et la sueur montait à son front.

— Laissez-moi, répondit-il brusquement, je sais ce que je fais... Je veux tout ou rien.

— A votre aise, reprit le maître-portefaix. Je vous ai averti... J'ai acquis quelque expérience depuis plus de dix ans que je joue et que je vois jouer. Dans quelques heures, mon bon, vous n'aurez plus un sou... C'est toujours comme ça que ça arrive.

Il prit une chaise et s'assit derrière Marius, voulant assister à la réalisation de ses prédictions. Clairon et Isnarde, qui espéraient glaner quelques pièces d'or comme la veille, vinrent également se placer auprès du jeune homme. Elles riaient, elles faisaient les belles, et Sauvaire, par instants, plaisantait bruyamment avec elles. Ces éclats de rire, ces ricanements qu'il entendait derrière lui, exaspéraient Marius. Il fut deux ou trois fois sur le point de se tourner et d'envoyer Sauvaire et les filles au diable. Désespéré de perdre, énervé par les coups étranges et terribles que lui portait le hasard, il sentait monter en lui une colère qu'il aurait voulu soulager sur quelqu'un.

Il avait d'abord joué comme la veille, avec audace et décision, risquant les coups de cinq, comptant sur sa bonne chance. Mais sa bonne chance l'avait abandonné, l'audace ne lui réussissait plus. Il voulut alors procéder en toute prudence ; il rusa avec le hasard, il calcula les probabilités, il joua enfin en joueur habile. Il perdit tout aussi souvent. A plusieurs reprises, il eut huit et le banquier eut neuf. La fortune semblait prendre un âpre plaisir à dépouiller celui qu'elle avait comblé de ses faveurs. C'était bel et bien un combat à outrance, et, à chaque lutte nouvelle, à chaque coup de cartes, Marius était vaincu. Au bout d'une heure, il avait déjà perdu quatre mille francs.

Sauvaire chantonnait derrière lui ;

— Qu'est-ce que j'avais dit ?... Je le savais bien !

Et Clairon et Isnarde, qui voyaient se fondre les pièces d'or sur lesquelles elles comptaient, commençaient à railler le jeune homme et à chercher du regard un joueur plus heureux.

Marius, éperdu, voyant le gouffre ouvert devant lui, se tourna vers Sauvaire et lui dit d'une voix étranglée :

— Vous qui savez jouer, faites-moi jouer.

— Oh ! répondit le maître portefaix, vous joueriez comme un ange, que vous perdriez... Le hasard est aveugle, voyez-vous, il va où il veut, jamais on ne le dirige... Vous feriez mieux de vous retirer.

— Non, non, je veux en finir.

— Eh bien ! essayons... Jouez la série.

Marius joua la série. Coup sur coup, il perdit cinq cents francs.

— Ah ! diable ! dit Sauvaire... Jouez l'intermittence alors.

Marius joua l'intermittence. Il perdit encore.

— Je vous ai averti, je vous ai averti, répétait le maître portefaix... Essayez une martingale.

Marius essaya une martingale et ne fut pas plus heureux.

— C'est à devenir fou, s'écria-t-il avec emportement.

— Ne jouez plus, dit Sauvaire.

— Si, je veux jouer, je jouerai jusqu'à la fin.

Le maître portefaix se leva en sifflant entre

ses dents. Il ne pouvait comprendre l'entêtement nerveux de son compagnon, lui qui ne hasardait jamais plus de cent francs sur un tapis vert.

— Tenez, reprit-il, le banquier a brûlé la main et se retire... Prenez sa place... Cela fera peut-être tourner la veine.

Marius prit la place du banquier. Il paya deux francs le jeu de cartes qu'on lui remit et glissa un franc dans la cagnotte, selon l'usage du cercle. Il battit les cartes et les présenta ensuite aux joueurs, en leur disant :

— Messieurs, les cartes passent.

Certains joueurs battirent de nouveau les cartes et les rendirent à Marius qui les battit une troisième fois, ainsi qu'il en avait le droit. La partie recommença. Maintenant, le jeune homme pouvait être dépouillé en quelques coups.

Il perdit à deux reprises. Sauvaire se tenait toujours derrière lui. Il finissait par s'intéresser à ce joueur intrépide. Le jeune homme allait de nouveau distribuer les cartes aux joueurs, aux pontes, comme on les appelle, lorsque le maître-portefaix lui arrêta le bras, et, se penchant à son oreille, lui dit à voix basse :

— Prenez garde, on vous vole... Vous distribuez les cartes en jeune naïf.

— Comment cela ?

— Oui, vous les relevez en les donnant, de sorte que les pontes qui sont devant vous, les voient passer et savent quel est votre jeu... Tous les nouveaux banquiers se laissent prendre à cette filouterie... Tenez le jeu renversé dans votre main et baissez les cartes en les donnant.

Marius suivit ce sage conseil et s'en trouva bien. Il gagna. En quelques coups il rattrapa une somme assez forte. Puis la chance tourna encore, il perdit. Alors s'établit une sorte d'équilibre entre ses gains et ses pertes. Mais peu à peu cependant il sentait glisser entre ses doigts les dix mille francs.

Il ne négligea rien pour faire tourner la veine. A plusieurs reprises, il s'arrêta et changea de jeu. Une autre fois, il épuisa la main. Il jouait d'une façon brusque et irrégulière pour dévoyer le hasard et le ramener à lui.

Mais toute cette tactique ne lui servait guère. La fortune semblait prendre maintenant un malin plaisir à jouer avec sa proie, à la faire souffrir plus longtemps en ne la tuant pas d'un seul coup. Elle caressait par instants Marius, elle lui faisait gagner une somme importante ; puis, tout d'un coup, elle l'égratignait, elle lui enlevait ce qu'elle venait de lui donner, et même davantage.

Sauvaire faisait le guet autour de la table

pour que son jeune ami ne fut pas trop volé. Marius avait devant lui un garçon jeune encore qui jouait petit jeu et qui devait cependant gagner déjà une somme assez ronde; chaque fois qu'il gagnait, sa mise se trouvait être de vingt-cinq francs, et chaque fois qu'il perdait, il n'avait devant lui qu'une pièce de cinq francs en argent; il gardait cette pièce de cinq francs, qui était une *mascotte*, disait-il, et il payait en monnaie.

Le maître-portefaix regardait ce garçon avec méfiance. Il suivit ses gestes, et il s'aperçut qu'il cachait une pièce de vingt francs sous sa pièce de cinq francs en argent; lorsqu'il gagnait, il étalait le tout, il empochait vingt-cinq francs; lorsqu'il perdait, il laissait la pièce d'or cachée sous la grosse pièce d'argent et il ne donnait à Marius que cinq francs. Il paraît qu'il ne se passe pas de nuit sans que cette filouterie adroite n'ait lieu dans un tripot de Marseille.

— Attends, attends, murmura Sauvaire, je vais te pincer, mon bon.

Au coup suivant, Marius gagna. Le filou s'apprêtait à lui donner cinq francs en monnaie, lorsque Sauvaire, allongeant le bras, fit sauter la pièce de cinq francs et découvrit la pièce d'or qu'elle cachait.

— Vous trichez, monsieur, cria-t-il, hors d'ici!

Le fripon ne se troubla pas.

— De quoi vous mêlez-vous, répondit-il, insolemment.

Il laissa ses vingt-cinq francs sur la table, se leva, fit quelques tours dans la salle et se retira en toute tranquillité. Les pontes s'étaient contentés de grogner. Marius devint très-pâle. Il en était donc tombé jusque-là, il jouait avec des voleurs.

A partir de ce moment, le jeune homme eut devant les yeux un voile qui lui fit commettre les plus lourdes fautes. Il souffrait cruellement. Au désespoir de perdre se mêlait en lui une angoisse horrible ; la voix de la conscience se réveillait, il se jugeait lui-même, il frissonnait de honte en se voyant assis devant un tapis vert. Et toutes ses répugnances lui revinrent, tous ses sentiments d'honneur lui crièrent qu'il avait choisi un mauvais moyen pour sauver son frère et que le ciel le punirait. Il ne joua plus qu'avec un dégoût profond.

Il perdit, et il fut presque heureux de ses pertes. Toute sa fièvre tomba, l'émotion ne le serra plus à la gorge. L'argent le brûlait, lorsqu'il le touchait ; il aurait voulu jeter cet argent par la fenêtre, et se retirer, les poches vides. Il lui avait suffi de voir qu'un filou s'était assis à la même table que lui, pour comprendre que sa place n'était pas dans un tripot et que jamais il ne délivrerait Philippe en descendant dans la boue. Le hasard qui le dépouillait, lui paraissait maintenant être une providence.

Bientôt, il n'eut plus que deux ou trois cents francs devant lui.

A son côté, depuis le commencement de la soirée, jouait un jeune homme qui avait suivi toutes les péripéties du jeu avec une anxiété horrible. A mesure qu'il perdait, il devenait plus pâle et plus hagard. Il avait mis devant lui une somme assez importante, et il regardait désespérément chaque pièce d'or qui s'en allait.

Marius l'avait entendu, à plusieurs reprises, prononcer des paroles entrecoupées, et il s'était inquiété de son angoisse. Il sentait vaguement qu'il se passait un drame effroyable dans le cœur de ce garçon.

Un dernier coup acheva de dépouiller son voisin. Le jeune inconnu resta un instant immobile, le visage contracté, comme frappé de la foudre. Puis il se mit la main sur les yeux, tira rapidement un pistolet de sa poche, en introduisit le canon dans sa bouche, et lâcha le coup.

Il y eut un horrible craquement. Le sang jaillit, et de larges gouttes, tièdes et roses, tombèrent sur les mains de Marius.

La détonation du pistolet avait retenti

comme un éclat de tonnerre au milieu de la table de jeu. Tous les joueurs se levèrent épouvantés, les yeux fixes et agrandis. Le cadavre était retombé sur la table, les bras repliés, la tête pendante ; la balle avait traversé le cou et était sortie à droite, au-dessous de l'oreille ; il y avait là un trou rouge, horriblement ouvert, qui laissait échapper un filet de sang. Une mare, rougeâtre et épaisse, se forma sur le tapis vert ; dans cette mare, trempaient les cartes abandonnées.

Des paroles effrayées, dites à voix basse, couraient parmi les joueurs.

— Connaissez-vous ce malheureux ?

— C'est, je crois, un garçon de recette de la maison Lambert et Cie.

— Sa famille est riche et honorable. Son frère a acheté une étude d'avoué, il n'y a pas six mois.

— Il aura détourné une somme importante et se sera tué, après l'avoir perdue.

— En tous cas, il aurait bien dû se tirer son coup de pistolet ailleurs... Dans une heure, la police sera ici et l'on fermera le cercle.

— Ces gens qui ont la manie de se tuer, sont assommants... On était bien ici, on jouait à l'aise. Maintenant, il faut déménager.

— On est allé prévenir le commissaire de police ?

— Oui.

— Je me sauve.

Ce fut une fuite générale. Les joueurs prirent leur chapeau et se glissèrent prudemment dans l'escalier. On les entendit se heurter aux marches, comme des hommes ivres.

Marius était resté assis, à côté du cadavre. Il se trouvait frappé d'immobilité. D'un air stupide et hagard, il regardait le cou rouge du suicidé et les éclaboussures sanglantes qui couvraient ses mains. Les cheveux se dressaient sur sa tête, des lueurs de folie passaient dans ses yeux démesurément ouverts. Il tenait encore le jeu de cartes. Brusquement, il jeta les cartes, il secoua violemment ses mains, comme pour en essuyer le sang qui ruisselait entre ses doigts, et il prit la fuite en poussant un cri rauque.

Il ne ramassa même pas les quelques centaines de francs qui étaient devant lui. La mare épaisse et nauséabonde s'élargissait peu à peu, et, maintenant, les pièces d'or semblaient nager dans un flot sanglant.

Il ne restait plus dans la salle que le cadavre et les deux filles. Sauvaire avait été un des premiers à fuir. Lorsque Clairon et Isnarde se virent seules, elles s'approchèrent doucement de la table. L'or qui luisait dans le sang les attirait.

— Partageons, dit Isnarde.

— Oui, dépêchons-nous, répondit Clairon, il est inutile que la police ramasse cet argent.

Et toutes deux prirent une poignée d'or, traînant leurs mains au milieu de la mare rougeâtre. Les pièces tachées de sang disparurent dans leur poche. Elles s'essuyèrent les doigts avec leur mouchoir, et s'enfuirent à leur tour, haletantes, croyant entendre derrière elles la voix terrible du commissaire de police.

Il était trois heures du matin. Le temps était pluvieux comme la veille. De larges souffles de vent poussaient de grands nuages sombres qui faisaient des taches noires au milieu du ciel gris. Une sorte de brouillard léger et humide flottait dans l'air et tombait en pluie fine et glaciale. Rien n'est plus morne que ces heures matinales dans une grande ville ; les rues sont sales, les maisons se découpent en silhouettes sinistres sur les horizons bas et ignobles.

Marius courait comme un fou au milieu des rues silencieuses et désertes. Il glissait sur les pavés gras de fange, il mettait les pieds dans les ruisseaux, il se heurtait aux angles des trottoirs. Et il courait toujours, les bras en avant, secouant ses mains avec une rage furieuse.

Il lui semblait que les éclaboussures de

sang tombées sur ses doigts, lui brûlaient la chair. Ces éclaboussures étaient comme des charbons ardents qui le faisaient crier de souffrance. Et cette souffrance devenait physique, tant l'imagination du jeune homme avait été frappée par l'horrible spectacle qui s'était passé sous ses yeux.

Et il courait, chancelant, frissonnant, ayant une idée fixe qui le poussait. Il voulait aller tremper ses mains dans la mer et les laver avec toute l'eau des océans. Là seulement il pourrait apaiser la terrible brûlure qui le dévorait.

Il courait, inquiet et farouche, secouant toujours ses mains, prenant les rues écartées, comme un assassin. Par moment, la folie montait à sa tête ; il s'imaginait que c'était lui qui avait tué le suicidé pour lui voler quinze mille francs. Alors, il croyait entendre derrière lui les pas pesants de la force armée, il précipitait sa course, ne sachant où cacher ses mains qui allaient l'accuser.

Il dut traverser le cours Belzunce. Des ouvriers passaient sous les allées, et Marius éprouva une horrible angoisse. Pour éviter de descendre au Port par la Cannebière, il se jeta dans la vieille ville. Là, les rues sont étroites et sombres, personne ne pourrait voir ses mains sanglantes.

Il arriva sur la place aux Œufs. Alors seulement il pensa à Fine. Il manqua de tomber, foudroyé par cette pensée. Il avait oublié son amante. Il songea tout à coup qu'elle était matinale, qu'elle pouvait être déjà sur la place et qu'elle allait le voir couvert de sang comme un lâche assassin. Elle l'interrogerait et il ne pourrait rien répondre. Il ne savait plus, tout se brouillait dans sa tête, il se trouvait perdu au fond d'un cauchemar étouffant. Ses mains le brûlaient, voilà tout, et il courait toujours, il courait pour aller les plonger dans la mer et éteindre les charbons qui s'attachaient à sa chair.

Il descendit des ruelles étroites, des pentes raides, au risque de se casser vingt fois la tête. Il glissa et tomba à deux reprises ; il se releva chaque fois d'un bond et repris sa course avec plus d'âpreté.

Enfin, il aperçut les masses noires des vaisseaux qui dormaient dans l'eau épaisse du port. Si sa fuite eût duré quelques minutes de plus, il serait devenu fou. Sa tête éclatait, des bourdonnements, des sons de cloche emplissaient ses oreilles.

Il courut le long du port, sur les dalles blanches et polies, et, comme il ne trouvait pas de barque, il eut un instant la pensée folle de se jeter dans l'eau pour apaiser d'un coup ses souffrances. Les brûlures qu'il croyait ressentir, devenaient intolérables. Il criait et pleurait.

Il finit par découvrir une petite barque de promenade amarrée au bord du quai. Il sauta dans cette barque, se coucha à plat ventre et plongea fiévreusement ses bras dans l'eau, jusqu'aux épaules. Il laissa alors échapper un profond soupir de soulagement. La fraîcheur de l'eau apaisait sa fièvre, les flots lavaient le sang qui mordait ses mains.

Il resta longtemps ainsi couché, oubliant tout, ne sachant plus pourquoi il était là. Par instants, il sortait ses bras de l'eau, il frottait furieusement ses mains, les regardait et les frottait encore. Il lui semblait toujours apercevoir de larges taches rouges sur sa peau. Puis il replongeait ses bras, agitant l'eau doucement, goûtant une sorte de volupté à sentir le froid le pénétrer et le secouer de frissons.

Au bout d'une heure, il était encore là, songeant qu'il n'y aurait jamais assez d'eau dans la mer pour laver ses mains. Puis, peu à peu, ses idées se calmèrent, sa tête devint lourde. Il lui sembla que son cerveau était vide. Des frissons glacés couraient dans ses membres. Il se leva en grelottant, et, machinalement, pas à pas, gagna la rue Sainte, sans songer à rien. Il ne savait plus d'où il venait ni ce qu'il avait fait. Il se coucha et fut pris d'une fièvre terrible.

XV.

Le paroissien de Mademoiselle Claire.

Marius resta au lit pendant quinze jours, en proie à un violent délire. Il eut une fièvre cérébrale aiguë qui le mit à deux doigts de la mort. Sa jeunesse et les soins touchants qu'il reçut, le sauvèrent.

Un soir, à l'heure du crépuscule, il ouvrit les yeux, la tête libre. Il lui sembla sortir d'une nuit profonde. Il ne sentait pas son corps, tant il était faible ; mais la fièvre avait disparu, et sa pensée, vacillante encore, se réveillait.

Les rideaux de son lit étaient tirés. Un jour

doux et tiède, passait à travers le linge blanc, et l'entourait d'une lumière attendrie. Des parfums traînaient dans la chambre silencieuse. Marius se souleva. Au léger bruit qu'il fit, il vit glisser une ombre derrière les rideaux.

— Qui est là? demanda-t-il d'une voix affaiblie.

Une main écarta doucement les rideaux, et Fine, en voyant Marius assis sur son séant, s'écria d'un ton joyeux et ému :

— Dieu soit loué ! vous êtes sauvé, mon ami.

Et elle se mit à pleurer des larmes douces. Le malade comprit tout. Il tendit ses pauvres mains amaigries à la jeune fille.

— Merci, lui dit-il, je sentais que vous étiez là... Il me semble que j'ai fait un rêve affreux ; et, je me souviens maintenant, au milieu de ce rêve, je vous voyais penchée sur moi, comme une mère.

Il laissa aller sa tête sur l'oreiller et reprit d'une voix d'enfant :

— J'ai été bien malade, n'est-ce pas ?

— Tout est fini, ne pensons plus à ces vilaines choses, dit gaiement la bouquetière... Où étiez-vous donc allé, mon ami, les manches de votre paletot étaient toutes mouillées.

Marius passa la main sur son front.

— Oh ! je me souviens, s'écria-t-il, c'est horrible...

Alors il raconta à Fine les deux terribles nuits qu'il avait passé dans le tripot. Il se confessa à elle et retraça, une à une, ses angoisses et ses souffrances. La jeune fille pleurait.

— C'est une terrible leçon que Dieu m'a donné, dit Marius en terminant. J'avais douté de la Providence et je m'étais adressé au hasard. Un instant, j'ai frissonné, j'ai cru sentir en moi tous les instincts misérables du joueur. Dieu m'a guéri avec un fer rouge.

Il s'arrêta et reprit avec inquiétude :

— Combien de temps suis-je resté malade ?

— Environ deux semaines, répondit Fine.

— Oh ! mon Dieu ! deux semaines perdues... Nous n'avons plus devant nous qu'une vingtaine de jours.

— Eh ! ne vous inquiétez pas de cela, guérissez-vous.

— M. Martelly ne m'a pas fait demander ?

— Ne vous inquiétez pas, vous dis-je... Je suis allé le voir, tout est arrangé.

Marius parut plus calme. Fine continua.

— Il n'y a plus qu'un parti à prendre. C'est d'emprunter l'argent à M. Martelly. Nous aurions dû commencer par là... Tout ira bien... Maintenant, dormez, ne parlez plus, le médecin l'a défendu.

La convalescence marcha rapidement, grâce aux soins tendres et dévoués de Fine. La jeune fille avait compris que son sourire devait suffire maintenant pour guérir Marius, et, chaque matin, elle apportait son sourire, son haleine fraîche qui emplissait la petite chambre d'un souffle de printemps.

— Ah ! que c'est bon d'être malade ! répétait souvent le convalescent.

Les deux amoureux passèrent ainsi une semaine douce et attendrie. Leur amour avait grandi au milieu de la souffrance et des craintes de la mort. Un nouveau lien les unissait l'un à l'autre. Désormais, ils s'appartenaient.

Au bout de huit jours d'une intimité gaie et émue, lorsque, par un clair soleil, Marius put descendre et aller faire quelques pas sur le cours Bonaparte, on les prit, lui et Fine, pour deux jeunes époux, au lendemain des fiançailles. Ils s'étaient fiancés dans le dévouement, dans la douleur; maintenant ils marchaient doucement, la bouquetière soutenant le jeune homme encore faible et le regardant avec des regards caressants et charmés. Elle se montrait fière de son œuvre, fière de la guérison de son amant, et Marius la remerciait avec des coups d'œil, avec des sourires pleins d'une reconnaissance passionnée.

Le lendemain, l'employé voulut retourner à son bureau, et Fine dût se fâcher pour qu'il se reposât encore un ou deux jours. Marius avait hâte de voir M. Martelly ; il désirait sonder le terrain et savoir s'il pouvait compter sur l'armateur.

— Eh ! rien ne presse, disait la bouquetière avec un calme qui étonnait le jeune homme. Nous avons encore une semaine devant nous. Il suffit que nous ayons l'argent au dernier moment.

Deux jours s'écoulèrent, et Marius finit par obtenir de la jeune fille qu'elle le laissât reprendre son emploi. Il fut convenu entre eux que, le lundi suivant, ils partiraient pour Aix. Fine parlait comme si elle avait déjà eu dans la poche la somme nécessaire à la liberté de Philippe.

Marius se rendit à son bureau et fut reçu par M. Martelly avec une tendresse, une bonté de père. L'armateur voulait lui accorder encore une semaine de congé, mais le jeune homme lui assura que le travail achèverait de le guérir. Il était honteux en sa présence, il savait que dans deux ou trois jours il lui demanderait l'emprunt d'une assez forte somme, et cette pensée le gênait. M. Martelly le regardait avec un sourire pénétrant qui l'embarrassait un peu.

— J'ai vu Mlle Fine, dit l'armateur en accompagnant Marius jusqu'à son bureau, c'est une charmante personne, un brave cœur... Aimez-là bien, mon ami.

Il sourit encore et se retira. Marius, resté seul, goûta une sorte de joie à se retrouver dans le cabinet où il avait vécu de si nombreuses journées de travail. Il reprit possession de son petit domaine, eut du plaisir à s'asseoir devant son bureau, à toucher aux papiers, aux plumes qui traînaient. Il avait failli mourir, et voilà qu'il revoyait face à face sa tranquille existence de chaque jour.

La pièce où il travaillait était située en face des appartements de l'armateur. Parfois les visiteurs se trompaient, frappaient à sa porte. Ce matin-là, comme il allait se mettre à la besogne, deux coups furent frappés discrètement. Il cria d'entrer.

Un homme, vêtu d'une longue redingote noire, se présenta. Cet homme avait le visage rasé, les mouvements doux, l'attitude humble et sournoise d'un homme d'église.

— Mademoiselle Claire Martelly ? dit-il.

Marius, occupé à l'examiner, ne répondit pas ; il se demandait où il avait pu voir déjà ce dévot personnage. L'homme hésitait. Il finit par tirer d'une des immenses poches de sa redingote, un livre de messe enfermé dans son étui.

—Je lui rapporte, continua-t-il d'une voix flutée, son paroissien qu'elle a oublié hier soir, dans un confessionnal.

Marius se demandait toujours : « Où diable ai-je vu cette face de cafard? » L'homme comprit sans doute l'interrogation muette de son regard. Il inclina légèrement la tête en ajoutant :

— Je suis bedeau à l'église Saint-Victor.

Ces quelques mots furent un trait de lumière pour le jeune homme. Il se souvint d'avoir vu l'individu qu'il avait sous les yeux, dans la sacristie, un jour qu'il était allé chercher l'abbé Chastanier. Il y eut comme une brusque secousse dans son intelligence, et, poussé par une sorte de devination :

— C'est M. Donadéi qui vous envoie, n'est-ce pas ? demanda-t-il à son tour.

— Oui, répondit le bedeau après avoir hésité.

— Eh bien, donnez-moi ce paroissien, je le remettrai à Mlle Claire.

— C'est que Monsieur l'abbé m'a bien recommandé de ne le donner qu'à cette demoiselle.

— Elle l'aura dans un instant. Elle n'est

peut-être pas encore levée ; vous la dérangeriez.

— Vous me promettez bien de faire la commission.

— Certainement.

— Dites à cette demoiselle que Monsieur l'abbé a trouvé, hier, ce paroissien dans son confessionnal et qu'il m'a chargé de le lui rapporter... Monsieur l'abbé présente ses compliments à mademoiselle.

— Je dirai tout cela, soyez tranquille.

Le bedeau posa le paroissien sur le bureau et se retira, en faisant une révérence. Même en fermant la porte, il hésitait encore et restait méfiant.

Quand il fut parti, Marius s'étonna de l'insistance qu'il avait mise à vouloir pénétrer jusqu'à Mademoiselle Claire. Il se rappela vaguement les éloges que Donadéi lui avait faits de la jeune sœur de M. Martelly. Il regardait le paroissien, et sa pensée s'égarait dans des explications, dans des raisonnements vagues.

D'un mouvement machinal, il allongea le bras et prit le livre de messe. Il le sortit de son étui. C'était un de ces volumes épais, presque carrés ; il avait des coins en argent ciselé, emprisonnant une riche reliure. Sur le plat, étaient brodées les initiales de la jeune fille.

Marius considérait ce livre, le retournait dans ses mains, lorsqu'il s'aperçut qu'un mince bout de papier dépassait l'or des tranches. Il ouvrit le paroissien, poussé par une curiosité qu'il ne raisonna pas, et une feuille pliée en quatre glissa devant lui.

C'était une mignonne feuille de papier rose, qui exhalait une vague odeur de musc. Marius, par délicatesse, allait remettre cette feuille dans le livre, lorsque, en la prenant, il vit qu'elle était marquée de l'initiale D et d'une croix en relief. Il la déplia brusquement et lut ce qui suit :

« Chère âme, vous dont le Seigneur m'a confié le salut, écoutez, je vous prie, le projet que j'ai formé pour votre bonheur éternel. Je n'ai point osé vous dire ce projet de vive voix, craignant de trop céder aux émotions adorables que votre sainteté fait naître en moi.

« Vous ne pouvez rester dans la maison de votre frère. C'est là un lieu de perdition ; votre frère est adonné au culte abominable des idoles modernes. Venez, venez avec moi. Nous gagnerons une solitude ; je vous remettrai entre les mains de Dieu.

« Peut-être mes larmes, mes frissons vous ont-ils livré le secret de mon cœur. Je vous aime, comme la sainte Eglise, notre mère, aime les âmes blanches qui viennent à elle. Je vous rêve chaque nuit, je nous vois enlacés dans une étreinte céleste, et nous montons au ciel tous deux, en échangeant des baisers angéliques.

« Ah ! ne résistez pas à l'appel de Dieu. Venez. Il y a une religion supérieure que nous ne révélons pas au vulgaire. Cette religion unit deux à deux les créatures ; elle lie ensemble les âmes sœurs ; elle fait des époux, et non des martyrs.

« Rappelez-vous nos entretiens. Dites-vous que je vous aime et venez. Je vous attends chez moi. J'aurai une chaise de poste dans une rue voisine. ».

Marius resta tout étourdi après une pareille lecture. L'abbé Donadéi proposait bel et bien un enlèvement à Mlle Claire. Il régnait, il est vrai, dans sa lettre, un brouillard d'encens, un mysticisme libertin et nuageux qui dérobait le sens brutal de la pensée sous la douceur dévote et caressante des mots ; l'idée était paraphrasée, délayée, dans ce style creux et baroque dont se servent certains prêtres ; mais Donadéi n'avait pu sans doute trouver une périphrase religieuse pour parler de la chaise de poste, et sa lettre, hypocrite et exquise, se terminait grossièrement, par une offre de gendarme, à laquelle on ne pouvait se tromper. Un désir âpre avait dû emporter le gracieux abbé et lui faire oublier la prudence sournoise qui le guidait dans tous ses actes.

L'employé lut et relut le billet, en se demandant ce qu'il allait faire. Il était indigné, la colère montait en lui. Il aurait voulu châtier le misérable qui salissait le saint vêtement qu'il portait, qui compromettait la religion en abusant de son caractère sacré pour tenter une séduction infâme.

Mais une pensée horrible retenait Marius. Il ignorait le mal qui avait pu être commis ; il ne savait ce que pensait Mlle Claire, et il craignait que Donadéi, dans l'ombre mystérieuse du confessionnal, n'eût déjà réussi à troubler le cœur de la jeune fille. Avant de frapper le prêtre, il voulait savoir s'il ne frapperait pas sa victime. Pour rien au monde, il ne se serait hasardé à soulever un scandale qui aurait certainement tué M. Martelly.

Il résolut de punir l'abbé d'une façon originale et exemplaire, s'il devait ne punir que lui. Il prit le paroissien et se rendit chez Mlle Claire, tremblant de saisir sur son visage une émotion accusatrice.

XVI

Où Sauvaire se promet de rire pour son argent.

Mademoiselle Claire Martelly était une jeune personne de vingt-trois ans, que les circonstances avaient jetée dans la dévotion. Elle avait dû épouser un de ses cousins qui s'était noyé misérablement à Endoume, dans une partie de plaisir. Le désespoir l'avait rapprochée de Dieu, et, peu à peu, elle avait goûté des douceurs telles dans la fréquentation des églises, qu'elle s'était comme endormie dans les parfums pénétrants de l'encens, bercée par les voix murmurantes des prêtres.

Ce n'était pas précisément une âme dévote, c'était une âme douce et contemplative que la religion avait consolée, et qui se montrait reconnaissante envers elle. Peut-être un réveil devait-il venir un jour, qui la rendrait aux joies du monde. En attendant, elle vivait un peu en recluse, calme et sereine, ayant des goûts dignes et graves. Son frère, libre penseur et républicain, esprit tendre et large, la laissait pratiquer à sa guise et lui accordait une entière liberté. Il n'usait de son titre de chef de famille que pour veiller à ses intérêts et lui assurer une position heureuse et indépendante.

Marius trouva mademoiselle Claire dans un petit salon où elle travaillait d'habitude à des layettes d'enfant qu'elle donnait à des femmes pauvres. La jeune fille connaissait Marius et le traitait affectueusement, comme un ami de la famille. Souvent M. Martelly avait emmené son employé à une propriété qu'il possédait du côté de l'Estaque, et là Marius et Claire étaient devenus de bons camarades. Les braves cœurs se devinent mutuellement et ne tardent pas à s'entendre.

La belle dévote en voyant entrer l'employé se leva vivement et lui tendit la main.

— C'est vous, Marius, dit-elle gaiement. Vous voilà guéri... Ah! tant mieux. Le ciel m'a exaucée.

Le jeune homme fut ému de cet accueil amical. Il regarda dans les yeux de la jeune fille, et n'y distingua qu'une flamme pure, qu'une virginité calme et blanche. Il fut comme soulagé d'un poids qui l'étouffait, tant le regard ferme et droit de la demoiselle était large et noble.

— Je vous remercie, répondit-il... Mais je ne viens pas pour vous faire voir un revenant...

Et il ajouta en présentant le paroissien :

— Voici un livre de messe que vous avez, paraît-il, oublié hier à Saint-Victor.

— Ah ! oui, dit la jeune fille, j'allais l'envoyer chercher... Comment est-il dans vos mains ?

— Un sacristain vient de l'apporter.

— Un sacristain ?

— Oui, de la part de l'abbé Donadéi.

Claire prit le livre, le posa tranquillement sur un meuble, sans paraître éprouver aucune émotion. Marius la suivait anxieusement du regard. Si la moindre rougeur fut montée à ses joues, il eut pensé que tout était perdu.

— A propos, reprit la jeune fille en s'asseyant, vous connaissez, je crois, M. Chastanier.

— Oui, répondit Marius étonné.

— C'est un excellent homme, n'est-ce pas ?

— Certes, un brave cœur, un esprit profondément pieux et honnête.

— Mon frère m'en a fait un grand éloge, mais, vous savez, en matière de religion, je n'ai pas en mon frère une confiance illimitée.

Elle sourit. Marius ne comprenait pas où elle voulait en venir, mais il la trouvait si paisible, si heureuse, qu'il se sentait entièrement rassuré.

— Je vois décidément que l'abbé Chastanier est un saint, reprit-elle, et je vais, dès demain, lui confier la direction de ma conscience.

— Vous quittez l'abbé Donadéi ? s'écria vivement Marius.

La jeune fille leva de nouveau la tête, surprise de l'éclat de voix de l'employé.

— Oui, je le quitte, répondit-elle avec une grande simplicité. Il est jeune et il a l'esprit léger des Italiens... Puis, j'ai appris sur son compte de laides choses.

Elle piquait paisiblement son aiguille, ses mains n'avaient pas un frémissement, son front restait blanc et pur. Marius se retira, comprenant qu'il pouvait agir, sans blesser cette âme vierge, et qu'en punissant Donadéi, il ne punirait que lui. Il ne connaissait pas la cause réelle qui décidait Claire à changer de confesseur; peut être avait-elle compris qu'elle n'était plus en sûreté entre les mains du galant abbé; mais, en tous cas, il n'y avait derrière elle aucun fait, aucune parole, qui la fissent rougir; elle s'éloignait avant le danger, elle n'avait rien dans son cœur qui troublât un instant ses pudeurs de jeune fille.

Marius fut dès lors certain de ne pas soulever un scandale dans cette maison qu'il considérait un peu comme la sienne. Il remercia le ciel de l'avoir mis entre Donadéi et la sœur de M. Martelly pour épargner à cette dernière une lecture honteuse; il remercia le ciel de lui confier le soin de confondre le prêtre indigne et de chasser de l'Eglise ce ministre qui manquait à son serment de chasteté.

Il avait gardé le soyeux papier rose qui contenait la déclaration exquise de Donad
Il aurait pu se contenter de porter ce papie
l'évêque de Marseille. Il préféra punir
bafouer lui-même l'abbé qui s'était impudemment moqué de lui, le jour où il avait tenté de recommander Philippe à sa bienveillance. Son plan était fait. Seulement, pour exécuter ce plan, il lui fallait l'aide de Sauvaire.

Il ne rentra pas à son bureau après le déjeuner, et chercha le maître-portefaix dans tous les cafés. Pas de Sauvaire. Marius se décida alors à aller demander à Cadet Cougourdan s'il savait où se cachait son patron.

— Oh ! il ne se cache pas, ce n'est pas son habitude, répondit Cadet en riant. Il doit être dans un restaurant de la Réserve, et je parie bien qu'il cherche à se faire voir de tout Marseille.

Marius descendit sur le port et se fit conduire à la Réserve dans une de ces petites barques de promenade, couvertes de tentes étroites, à raies jaunes et rouges. La petite barque glissa lentement sur l'eau épaisse du bassin, entre des ordures de toute espèce, des écorces d'orange, des débris de légumes, des objets sans nom qui croupissent dans une sorte d'écume blanchâtre. Et la petite barque allait toujours, au milieu d'une allée ménagée entre les navires, nageant le long des flancs rudes et noirs des vaisseaux. Elle était comme perdue dans une forêt, qui élevait de tous côtés ses arbres maigres et droits, surmontés chacun d'un lambeau d'étoffe éclatante.

Marius n'avait pas encore abordé qu'il entendait déjà les rires bruyants de Sauvaire attablé sans doute sur la terrasse d'un des restaurants qui sont au bord de l'eau. On ne le voyait pas, mais il s'arrangeait de façon à faire savoir qu'il était là.

Les restaurants de la Réserve ressemblent aux restaurants d'Asnières et de Saint-Cloud : ce sont des sortes de chalets qui visent à la coquetterie, et qui prennent des airs pittoresques. La vérité est qu'ils sont faits d'un peu de plâtre et de quelques planches, et qu'un coup de vent les emportera un jour ou l'autre en pleine mer. Sauvaire aimait à aller dans ces restaurants, parce que les prix y sont très élevés et qu'on y est vu de loin.

Marius, guidé par les éclats de voix du maître-portefaix, le trouva tout de suite. Il occupait une terrasse avec Clairon et Isnarde, dont il ne se séparait plus ; il était persuadé qu'il avait l'air plus riche en trainant deux femmes avec lui, une sous chaque bras. La terrasse tremblait sous l'orage de gaieté dont Sauvaire l'emplissait. Le digne homme commençait à être légèrement gris.

— Bravo, bravo ! cria-t-il en apercevant Marius... Nous allons recommencer à déjeuner... Nous déjeunons depuis cinq heures. Nous avons mangé des clovisses, une bouillabaisse, du thon...

Il continua, il énuméra une dizaine de mets avec un orgueil d'enfant. Il était tout fier de s'être donné une indigestion.

— Hein ! continua-t-il, on est bien ici ?... C'est cher, mais c'est comme il faut... Qu'est-ce que vous voulez manger ?

Marius s'excusa en faisant observer qu'il était trois heures et qu'il avait déjeuné depuis longtemps.

— Bah ! on mange toujours, s'écria Sauvaire ravi d'être surpris en partie fine... Nous allons manger jusqu'à ce soir comme cela... Ça coûtera de l'argent, mais tant pis... Clairon, ma fille, tu vas te griser si tu bois trop de champagne.

Clairon ne tint pas compte de l'observation et avala un grand verre de champagne. D'ailleurs, elle n'avait plus rien à craindre, elle était grise.

— Bon Dieu ! que ces femmes là sont amusantes ! continua Sauvaire en se levant et en s'éventant à coups de serviette.

Il s'approcha de la rampe de la terrasse et cria très fort, pour être entendu des passants.

— J'ai déjà dépensé beaucoup d'argent avec elles, mais je ne le regrette pas, elles sont drôles !

Marius s'accouda à côté de lui.

— Voulez-vous passer une bonne soirée, demain ? lui demanda-t-il brusquement.

— Pardieu, si je le veux ! répondit Sauvaire.

— Ça vous coûtera quelques louis.

— Diable ! Sera-ce très drôle ?

— Très drôle. Vous rirez pour votre argent.

— J'accepte alors.

— Tout Marseille connaîtra l'aventure

et l'on parlera de vous pendant huit jours.

— J'accepte, j'accepte.

— Eh bien, écoutez.

Marius se pencha à l'oreille de Sauvaire et lui parla à voix basse. Il lui exposait son plan. Au bout d'un instant, le maître-portefaix se mit à éclater d'un large rire qui manqua l'étouffer. Il trouvait la chose drôle, très drôle.

— C'est convenu, dit-il quand Marius eut terminé sa confidence, je me trouverai demain soir avec Clairon, sur le boulevard de la Corderie, à dix heures. Ah ! la bonne farce !

XVII

Comme quoi l'abbé Donadéi enleva l'âme sœur de son âme.

L'abbé Donadéi s'était laissé envahir par un de ses désirs fougueux qui éclatent parfois dans les natures rusées et sournoises. Lui si habile, si prudent, il venait de commettre une maladresse. Il en eut conscience, lorsque le sacristain fut parti, emportant le paroissien et le billet doux. Dès-lors, il lui fallut accepter toutes les conséquences de son coup d'audace.

Claire avait mis en lui des appétits âpres qu'il voulait contenter à tout prix. Il était au-dessus des scrupules sacrés de sa profession. Il voyait de trop haut les choses humaines, il avait trempé dans trop de trafics plus ou moins honorables, pour hésiter devant une séduction. Cela était la moindre affaire; ce qui l'inquiétait, c'étaient les suites de cette séduction.

Pendant deux grands mois, il avait tenté d'attirer la jeune fille chez lui. Puis, comme Claire allait se rendre à son désir, très-naïvement, il avait renoncé à ce moyen, comprenant qu'une pareille intrigue ne pouvait se mener en plein Marseille. C'est ainsi qu'il en était peu à peu arrivé à vouloir jouer le tout pour le tout, en hardi joueur ; sa passion grandissait et le torturait, il consentait à échanger sa position influente contre l'amour libre et entier d'une femme, il préférait enlever Claire franchement et se sauver avec elle en Italie.

Donadéi était trop fin, trop intelligent, pour ne pas se ménager une retraite. Si la jeune fille avait fini par l'embarrasser, il l'aurait jetée dans un couvent et serait rentré en grâce auprès de son oncle le cardinal. Tout bien calculé, tout bien examiné, un enlèvement lui avait paru le plus commode et le plus prompt des moyens, celui même qui offrait le moins de danger.

Il n'avait qu'une crainte, c'est que Claire ne vînt pas à son rendez-vous, qu'elle refusât de partir avec lui. Alors le billet doux restait entre les mains de la jeune fille et devenait une arme terrible. Il n'avait pas la femme et il pouvait perdre sa position. Mais le désir aveuglait Donadéi ; il ne voyait pas nettement la candeur tranquille de sa pénitente, il prenait les adorations qu'elle adressait à Dieu, pour autant d'aveux muets qu'elle lui faisait à lui-même.

Il lui restait pourtant de vagues craintes, il se répentait presque de s'être avancé au point de ne pouvoir plus reculer. Au dernier moment, toute sa prudence, toute sa lâcheté se réveillaient. Il attendit avec impatience le retour du sacristain. Dès qu'il l'aperçut :

— Eh bien ? lui demanda-t-il.

— J'ai remis le livre, répondit le bedeau.

— A la demoiselle elle-même ?

— Oui, à la demoiselle.

Le bedeau fit cette réponse avec un aplomb superbe. En chemin, il avait regretté d'avoir donné le paroissien à Marius, et, comme il comprenait qu'il venait de remplir fort mal sa commission, il s'était décidé à mentir, pour mériter les bonnes grâces de monsieur l'abbé.

Donadéi fut un peu rassuré. Il comptait que si la lecture du billet indignait la jeune fille, elle brûlerait ce billet. Un hasard, l'oubli d'un livre de messe, avait hâté un dénouement qu'il cherchait à amener depuis longtemps. Il n'avait plus qu'à attendre.

Le lendemain, dans la matinée, il reçut la visite d'une dame voilée dont il ne put distinguer le visage. Cette dame lui remit une lettre et se retira rapidement. La lettre ne contenait que ces quatre mots : « Oui, à ce soir. » Donadéi fut transporté d'aise, il fit ses préparatifs de départ.

Si quelqu'un eut suivi la dame voilée, on l'aurait vue rejoindre le galant Sauvaire qui l'attendait dans la rue du Petit-Chantier. Elle leva son voile : c'était Clairon.

— Il est gentil, cet abbé-là ! dit-elle, en abordant le maître-portefaix.

— Il te plait, tant mieux ! répondit Sauvaire. Ah ça, ma fille, sois sage, c'est tout simplement le ciel que tu vas gagner.

Et ils s'éloignèrent, en riant aux éclats.

Vers neuf heures et demie, Clairon et Sauvaire se trouvaient de nouveau dans la rue du Petit-Chantier. Ils marchaient lentement, s'arrêtant à chaque pas, semblant attendre quelqu'un. Clairon était vêtue simplement d'une robe en laine noire ; elle avait le visage caché sous une épaisse voilette. Sauvaire était déguisé en commissionnaire.

— Voici Marius, dit tout à coup ce dernier.

— Êtes-vous prêts, demanda à voix basse le

jeune homme qui arrivait, savez-vous bien vos rôles ?

— Pardieu, répondit le maître-portefaix, vous verrez comme nous allons vous jouer la comédie... Ah ! la bonne farce !.. J'en rirai pendant six mois.

— Allez chez l'abbé, nous vous attendons ici... Soyez prudent.

Sauvaire alla frapper chez Donadéi qui lui ouvrit lui-même la porte, tout effaré, en costume de voyage.

— Que voulez-vous ? demanda brusquement le prêtre désappointé en voyant un homme devant lui.

— Je suis venu avec une demoiselle, répondit le faux commissionnaire.

— C'est bien... Qu'elle entre vite.

— Elle n'a pas voulu venir jusqu'à votre porte.

— Ah !

— Elle m'a dit comme ça : Tu diras à ce monsieur que je préfère monter tout de suite en voiture.

— Attendez, j'ai encore quelque chose à prendre...

— C'est que la demoiselle a peur au milieu du boulevart.

— Alors courez vite lui dire que la chaise de poste est au coin de la rue des Tyrans...

Qu'elle monte dedans... J'y serai dans cinq minutes.

Donadéi ferma vivement la porte, et Sauvaire se mit à rire silencieusement, en se tenant les côtes. Il trouvait l'aventure impayable.

Il regagna la rue du Petit-Chantier où Clairon et Marius l'attendaient.

— Tout marche à merveille, leur dit-il à voix basse, l'abbé donne dans le piège avec une innocence angélique... Je sais où est la chaise de poste.

— Je l'ai vue en venant, dit Marius, elle est au coin de la rue des Tyrans.

— C'est cela, il n'y a pas un instant à perdre, l'abbé a promis d'y être dans cinq minutes.

Nos trois personnages se coulèrent doucement le long des maisons et descendirent le boulevard de la Corderie jusqu'à la rue des Tyrans. Là, ils aperçurent dans l'ombre la chaise de poste attelée, chargée, prête à partir au premier claquement de fouet. Marius et Sauvaire se cachèrent dans le creux d'une porte cochère, Clairon resta devant eux, sur la chaussée.

En attendant l'abbé, Sauvaire et Clairon plaisantaient à voix basse.

— Bah ! il ne voudra pas de moi, disait Clairon, il me lâchera au premier relais.

— Qui sait?

— Il est gentil, j'avais peur qu'il ne fût vieux.

— Dis donc, tu parais amoureuse de l'abbé... Oh! je ne suis pas jaloux. Seulement, si tu t'en vas si volontiers avec lui, tu devrais bien me rendre les mille francs que je t'ai donnés pour te décider à nous servir.

— Les mille francs! ah! bien, et s'il me plante là, ne faudra-t-il pas que je paye mon voyage pour revenir.

— Je plaisantais, ma chère, je ne reprends pas ce que j'ai donné. D'ailleurs, je ris pour mon argent.

Marius intervint. Il répéta à Clairon ses instructions.

— Faites bien ce que je vous ai recommandé, dit-il. Tâchez qu'il ne s'aperçoive de la duperie qu'à quelques lieues de Marseille. Ne parlez pas, jouez votre rôle avec science... Dès qu'il aura tout découvert, agissez carrément, dites-lui que j'ai son billet dans les mains et que je suis bien décidé à le porter à l'évêque, s'il vous arrivait le moindre mal ou s'il reparaissait jamais ici... Conseillez-lui d'aller chercher fortune ailleurs.

— Je pourrai revenir tout de suite à Marseille? demanda Clairon.

— Certainement. Je ne veux que le renvoyer de la ville en le ridiculisant à jamais.

J'aurais pu le faire chasser de l'Eglise par ses supérieurs ; je préfère le tuer par la moquerie.

Sauvaire pouffait de rire en s'imaginant la scène qui aurait lieu entre Donadéi et Clairon.

— Eh ! ma chère, reprit-il, dis-lui que tu es mariée et que ton mari va sans doute te chercher partout pour t'intenter un procès en adultère... Veux-tu que je coure après vous et que je fasse une peur atroce à ton ravisseur.

Cette idée bouffonne enchanta Sauvaire à tel point qu'il faillit étrangler de gaieté. Depuis un instant, Marius voyait une forme noire s'avancer avec rapidité.

— Silence, dit-il, je crois que voilà notre homme. A votre rôle, Clairon, mettez-vous devant la portière de la voiture.

Sauvaire et Marius s'enfoncèrent davantage dans leur cachette. Clairon, le visage couvert, toute noire, se plaça dans l'ombre de la chaise de poste.

C'était bien Donadéi qui arrivait. Il était tout essoufflé. Il avait jeté la soutane aux orties, et portait galamment un habit de ville.

— Chère, chère Claire, dit-il avec émotion en baisant la main de Clairon, que vous avez été bonne de venir.

— Claire, Clairon, murmura Sauvaire, c'est la même chose.

— Ah ! c'est Dieu qui vous a conseillée, continuait le prêtre en poussant doucement la fille dans la voiture.

Il monta derrière elle en disant.

— Nous allons au ciel.

Le postillon fit claquer son fouet, et la chaise de poste partit avec un roulement terrible.

Alors Sauvaire et Marius se montrèrent, riant aux éclats.

— Eh ! l'abbé enlève l'âme sœur de son âme, dit Marius.

— Bon voyage, l'abbé, cria Sauvaire.

Lorsque la chaise de poste eut disparu dans la nuit, emportant Donadéi et Clairon, le maître portefaix et le jeune employé descendirent lentement le boulevard de la Corderie, causant de l'aventure, pris de gaietés soudaines à la pensée de ce prêtre indigne voyageant en tête-à-tête avec une créature perdue.

— Vous imaginez-vous la mine qu'il fera tout à l'heure, disait Sauvaire, lorsqu'il lèvera la voilette de Clairon... Entre nous, vous savez, Clairon est laide. Elle a au moins trente-cinq ans.

Le maître portefaix convenait volontiers de l'âge et de la laideur de Clairon, depuis que les trente-cinq ans et le visage fané de cette fille rendaient meilleure la farce qu'il venait de jouer.

— Je lui souhaite bien du plaisir, continuait-il... Ah ! non, c'est trop drôle !

Il se tordait, il avait hâte d'arriver à la Cannebière pour conter l'histoire à ses amis. Marius, plus grave, songeait qu'il avait donné au prêtre la compagne qu'il méritait ; Clairon était bien l'âme avilie, sœur de cette âme basse et criminelle. Il quitta le maître portefaix vers onze heures et rentra chez lui.

A minuit, les personnes qui n'étaient pas couchées à Marseille, savaient que M. l'abbé Donadéi venait d'enlever dans une chaise de poste Clairon, une fille qui se traînait depuis quinze ans au milieu de toute la débauche de la ville. Sauvaire était allé crier la nouvelle dans les cafés, et avait raconté l'aventure avec un luxe de détails inouïs. On répétait de bouche en bouche la phrase précieuse du gracieux abbé à la lorette, en montant en voiture : « Nous allons au Ciel ; » on savait qu'il lui avait baisé la main, on clabaudait sur les motifs qui pouvaient avoir décidé le couple amoureux à s'enfuir. Le meilleur de l'histoire était que Sauvaire, ne connaissant pas les faits qui avaient poussé Marius à faire enlever Clairon, fut d'une naïveté suprême ; comprenant que la farce serait d'autant meilleure que l'amour de Donadéi pour Clairon paraîtrait plus sérieux, il mentit avec un aplomb tout méridional, il fit accroire aux gens que le prêtre se mourait véritablement d'amour pour cette créature ridée, jaunie, lasse de honte, que tout le monde connaissait. Ce fut un étonnement général, une moquerie universelle ; on ne pouvait s'imaginer que le galant abbé dont toutes les dévotes raffolaient se fut sauvé avec une pareille femme, et on faisait des gorges chaudes sur ces amours monstrueuses.

Le lendemain, le scandale était connu de toute la ville. Sauvaire triomphait, il était devenu un personnage. On savait qu'il avait été le dernier amant de Clairon, et que c'était à lui que Donadéi avait volé cette fille. Pendant toute la journée, il se promena en pantoufles sur la Cannebière, recevant d'un air comique les condoléances que ses intimes venaient lui offrir. Il criait très haut, répondant aux uns, appelant les autres, usant et abusant de sa popularité. Certes, il ne regrettait pas ses mille francs ; jamais il n'avait placé pour ses plaisirs une somme à plus gros intérêts.

Le scandale devint épouvantable, lorsque deux jours après on vit revenir Clairon. Sauvaire lui acheta une robe de soie et la promena toute une après-midi dans Marseille, en voiture découverte. On les montrait au doigt, on se mettait sur les portes quand ils passaient. Sauvaire faillit étouffer de joie.

Clairon était allée jusqu'à Toulon. Donadéi n'avait pas tardé à voir quelle femme il enlevait, il était entré dans une rage terrible et avait voulu jeter la fille sur la grande route, à une heure du matin, loin de toute habitation. Mais Clairon n'était pas facile à émouvoir. Elle avait parlé haut, menaçant l'abbé, usant des armes que Marius possédait. Donadéi, frémissant, obligé d'obéir, avait dû conduire sa compagne à Toulon où ils s'étaient séparés, la créature pour revenir à Marseille, le prêtre pour gagner la frontière.

Sauvaire promena tant sa maîtresse et souleva un tel tapage que l'autorité s'émut, et que, sur la prière de l'évêque, on envoya Clairon exercer ailleurs le pouvoir de ses charmes. Depuis ce temps, le maître portefaix dans ses moments d'épanchement, c'est-à-dire dix à douze fois par jour, dit à ceux qui veulent bien l'écouter : « Ah ! si vous saviez la jolie femme que j'ai eue pour maîtresse ; ce sont les prêtres qui me l'ont prise. »

XVIII

La rançon de Philippe.

Le lendemain de l'enlèvement, Marius alla à son bureau, satisfait de son expédition de la veille. Il venait de sauver une honnête famille du désespoir et de délivrer la ville d'un intrigant dont il avait personnellement à se plaindre. Le cœur léger, la conscience tranquille, il allait se mettre à la besogne, lorsqu'on vint lui dire que M. Martelly le faisait demander.

En se rendant au salon, le jeune homme fut pris d'une angoisse profonde. Il se décida brusquement à demander à son patron la rançon de Philippe. Cette décision le rendit tout tremblant. Il sentait bien qu'il n'oserait jamais faire une pareille demande, s'il ne la faisait par une sorte de coup de tête. Puisqu'il allait voir M. Martelly, il était inutile d'attendre davantage, il valait mieux risquer la démarche tout de suite.

Il trouva dans le salon M. Martelly et l'abbé Chastanier. L'armateur était pâle et des lueurs de colère luisaient dans ses yeux.

Il alla vivement vers l'employé et lui dit d'une voix rapide :

— Vous êtes un garçon de courage et d'honneur, et je n'ai pas voulu agir, dans une circonstance grave, sans vous demander votre avis.

L'abbé Chastanier paraissait honteux et triste. Il se faisait petit dans son fauteuil, et ses pauvres mains tremblaient de vieillesse et de chagrin.

M. Martelly dit alors à Marius, en lui désignant le vieux prêtre :

— Je viens de recevoir la visite de Monsieur, et j'ai appris une tentative ignoble qui me bouleverse.

— Calmez-vous, par grâce, interrompit le prêtre, ne me faites pas repentir d'avoir fait mon devoir d'honnête homme en venant vous prévenir... Je veux croire que je me suis effrayé à tort.

— Vous ne seriez pas ici, monsieur, si vos soupçons n'étaient basés sur des certitudes. Je vous remercie de votre démarche, je comprends les sentiments de dignité qui vous ont amené chez moi, et je comprends même le dernier effort que vous faites pour défendre l'infâme...

L'armateur se tourna vers Marius et continua d'un ton âpre :

— Imaginez-vous qu'un prêtre essaye en ce moment de me déshonorer... Monsieur vient de me dire de veiller sur Claire. Il m'a appris avec mille réticences que l'abbé Donadéi exerce sur elle un pouvoir dangereux et qu'il craignait... Ah ! si ce misérable a terni la pureté de cette enfant, je le tue comme un chien.

L'abbé Chastanier baissa la tête. Il ne regrettait pas sa démarche, il avait agi en honnête homme ; mais il restait anéanti devant l'explosion de colère de M. Martelly. Il souffrait comme s'il eût été le coupable lui-même, il avait honte pour l'Eglise tout entière.

L'armateur se calma un peu. Il reprit après un court moment de silence :

— Je n'ai pas voulu prendre un parti avant d'avoir consulté un homme calme et sage, et je vous ai fait appeler, Marius... Mon premier mouvement a été de courir chez ce prêtre et de le souffleter. Il y a peut-être mieux à faire...

Marius avait écouté son patron d'un air tranquille, ce qui mit un peu de calme dans le cœur de Chastanier. Le jeune homme, qui avait sa réponse toute prête, ne pensait guère à Donadéi ; il s'interrogeait pour savoir de quelle façon il pourrait solliciter un emprunt. A ce moment, il entendit M. Martelly qui lui disait avec force :

— Voyons, à ma place, que feriez-vous ?

Le jeune homme se mit à sourire.

— Je ferais ce que j'ai fait, dit-il paisiblement.

Et il conta l'enlèvement de Clairon. Dès les premiers mots, dès que le jeune homme eut parlé de l'entretien qu'il avait eu avec Claire, au sujet du livre de messe, M. Martelly lui serra la main avec effusion. La certitude que sa sœur avait passé au milieu du péril, sans même s'en douter, le remplit d'une grande joie. Il se mit à rire, lorsqu'il connut l'aventure entière, et l'abbé Chastanier lui-même ne put retenir un sourire triste qu'il se hâta de réprimer ; le pauvre prêtre n'oubliait pas que dans cette comédie burlesque un ministre de la religion avait joué le vilain rôle.

— Je ne vous aurais pas avoué, dit en terminant Marius, la part que j'ai prise dans cette mystification, si vous aviez ignoré le danger que votre tranquillité a pu courir... J'ai voulu simplement vous rassurer.

— Ne cherchez pas à échapper à ma reconnaissance, s'écria l'armateur... Je vous regardais déjà comme mon fils adoptif ; vous venez de me rendre un tel service, que je ne sais vraiment comment vous en récompenser.

En disant ces mots, M. Martelly attira Marius à part et le regarda ensuite en face, d'une façon douce et encourageante.

— Vous n'avez pas de secret à me dire ? lui demanda-t-il à demi-voix.

Marius se troubla.

— Vous êtes un grand enfant, continua l'armateur... Heureusement que j'ai vu Mlle Fine pendant votre maladie ; sans cela j'ignorerais encore tout à cette heure... Attendez, je vais vous signer un bon de quinze mille francs, que vous toucherez sur le champ à la caisse, si vous voulez.

En entendant l'offre généreuse que lui faisait l'armateur, Marius fut cloué sur place. Il pâlit, et une émotion inexprimable emplit ses yeux de grosses larmes. Il étouffait, il craignait d'éclater en sanglots.

Eh quoi ! on lui offrait brusquement cet argent qu'il avait cherché avec désespoir pendant plusieurs mois ; il n'avait rien demandé, et ses plus chers désirs étaient satisfaits. Il croyait rêver, il ne comprenait pas encore.

M. Martelly s'était dirigé vers une table. Il s'assit et se disposa à signer un bon sur sa caisse. Avant de se mettre à écrire, il leva la tête et dit simplement à Marius :

— C'est bien quinze mille francs qu'il vous faut, n'est-ce pas ?

Cette question tira Marius de sa stupeur. Il joignit les mains, et, d'une voix tremblante :

— Comment connaissez-vous mes secrètes pensées, demanda-t-il, qu'ai-je fait pour que vous soyez si bon et si généreux ?

L'armateur sourit doucement.

— Je ne vous dirai pas, comme on dit aux enfants, que mon petit doigt m'a tout conté... Mais, en vérité, j'ai reçu la visite d'une petite fée. Ne vous l'ai-je pas déjà avoué, Mlle Fine est venue me voir.

Le jeune homme comprit enfin. Il remercia ardemment, du fond de son cœur, le bon ange qui, tout en le sauvant de la mort, avait travaillé à lui rendre la tranquillité et l'espoir. Il s'expliqua alors le visage paisible et souriant de la bouquetière, lorsqu'il lui avait parlé de Philippe. Elle était certaine du salut du prisonnier, elle avait accompli à elle seule toute la besogne pénible d'un emprunt.

Marius ne savait plus s'il devait se jeter aux pieds de M. Martelly, ou courir se jeter à ceux de Fine. Il était tout reconnaissance, tout amour.

L'armateur prenait un plaisir pur à voir le visage de son employé s'éclairer des joies du cœur. Ses regards rencontrèrent ceux de l'abbé Chastanier qui était resté assis, et ces deux hommes se comprirent; le libre penseur, le républicain goûtait ainsi que le prêtre les voluptés du bienfait, l'émotion délicieuse de faire le bonheur d'autrui et d'assister au spectacle de ce bonheur.

— Mais, s'écria Marius au milieu de sa joie, je ne sais quand je pourrai vous rembourser une aussi forte somme.

— Que cela ne vous inquiète pas, répondit l'armateur... Vous m'avez rendu de grands services, vous venez de me sauver peut-être du déshonneur. Laissez-moi vous obliger, sans qu'il soit question de remboursement entre nous.

Et comme une ombre passait sur le front de Marius, l'armateur lui prit la main et ajouta :

— Je n'entends pas payer votre dévouement, mon ami... Je sais que ce n'est point avec de l'argent qu'on s'acquitte de certaines dettes... Je vous en prie, voyez la question d'une autre façon : Il y a bientôt dix ans que vous êtes chez moi et j'espère que vous y resterez longtemps encore; eh bien ! les quinze mille francs que je vais vous donner, sont une prime, une légère part dans les bénéfices que j'ai réalisés avec votre concours... Vous ne pouvez refuser.

M. Martelly se pencha pour signer le bon. Marius l'arrêta encore.

— Vous savez à quel emploi je destine cet argent? demanda-t-il avec une certaine anxiété.

L'armateur posa la plume, contrarié et légèrement pâle.

— Bon Dieu! s'écria-t-il, comme les honnêtes gens sont difficiles à obliger! Il faut avec eux tout savoir... Eh! par grâce, mon ami ne me forcez pas à être votre complice. Je sais que vous êtes un brave garçon, une âme dévouée et aimante. Voilà tout. Je n'ai pas besoin de connaître tous vos actes et toutes vos pensées. Vous ne ferez jamais une action mauvaise, n'est-ce pas?... Cela me suffit.

Par un scrupule d'esprit juste et libéral, M. Martelly voulait sembler ignorer que l'argent remis par lui à Marius, allait servir à acheter une conscience. Il prêtait d'ailleurs très volontiers la main à l'évasion de Philippe, sachant quelles armes M. de Cazalis avait employées pour faire emprisonner le jeune homme. Mais, en principe, il désirait garder intacte son austérité républicaine, il s'était promis de n'être pas ouvertement complice de l'évasion.

Marius insista. Alors l'abbé Chastanier intervint avec cet aveuglement de charité qui lui faisait toujours accepter légèrement les plus lourdes responsabilités.

— Ne refusez pas, mon ami, dit-il au jeune homme. Je connais vos projets et je me porte garant auprès de M. Martelly que ce que vous voulez faire est bon et juste.

Il souriait de son pâle sourire de vieillard. Marius comprit quelle charité suprême lui dictait de semblables paroles, et il vint lui serrer les mains avec effusion. Pendant ce temps, l'armateur signait le bon de quinze mille francs.

Voici, dit-il, en remettant le papier à Marius. Je vous engage à passer à la caisse tout de suite.

Et comme le jeune homme, après l'avoir remercié encore, allait se retirer, il le rappela.

— Ah ! écoutez, ajouta-t-il, vous devez être encore un peu faible. Prenez un congé d'une semaine. Vous travaillerez mieux ensuite.

Il voulait lui donner le temps d'aller délivrer Philippe. Marius devina et fut de nouveau ému aux larmes. Il se retira rapidement, pour ne pas pleurer comme un enfant, et il passa sur-le-champ à la caisse. Quand il eut les quinze mille francs dans sa poche, il descendit l'escalier en quatre sauts et se mit à courir dans la rue comme un fou. Il allait chez Fine.

Justement la bouquetière était dans sa petite chambre de la place aux Œufs. Marius entra brusquement, riant et dansant, la tête perdue. Il prit la jeune fille à bras le corps et l'embrassa bruyamment sur les deux joues, comme une sœur. Puis il étala sur la table les quinze billets de banque. Fine étonnée, presque effrayée de l'entrée étrange du jeune homme, se mit à rire et à battre des mains.

Alors eut lieu, entre les deux amants, une scène charmante de tendresse, de remerciements et d'effusions. Marius criait qu'il était un imbécile et que Fine seule avait tout sauvé. Et il baisait les mains de la jeune fille, il se mettait à genoux devant elle, il la regardait avec une extase attendrie. Fine, en rougissant, se défendait vivement et cherchait à prouver qu'elle ne méritait pas le moindre merci.

Pendant près de six mois, ils s'étaient voués à une tâche pénible, ils avaient vainement frappé à toutes les portes. Et, aujourd'hui, tout d'un coup, la rançon de Philippe se trouvait étalée devant leurs yeux. Leur joie devait être poignante. Ils oubliaient leurs misères et leurs terreurs, les hontes et les sottises qu'ils avaient coudoyées un instant. Il n'y avait plus que de la félicité, une joie chaude et large dans leur cœur.

Avant de se séparer, ils arrêtèrent qu'ils partiraient le lendemain matin pour Aix.

XIX.

L'évasion.

Le lendemain, vers sept heures, Marius alla louer un cabriolet. Il ne voulait pas prendre la diligence. Il avait besoin d'une voiture pour la fuite, et il préférait se procurer à Marseille cette voiture qui le conduirait ainsi à Aix et qui lui servirait ensuite pour ramener son frère. La veille, il s'était entendu avec un capitaine marin, qui devait conduire Philippe à Gênes.

Marius et Fine partirent à neuf heures. Le jeune homme conduisait. Ce fut une véritable partie de plaisir pour les deux amoureux. A la montée de la Viste, ils descendirent et coururent sur la grande route comme des enfants, laissant le cheval marcher lentement. Ils déjeunèrent à Septèmes, dans une petite chambre d'auberge, et, au dessert, ils firent mille projets d'avenir. Maintenant que Philippe allait être libre, ils pouvaient songer à leur mariage. Ils s'attendrissaient, ils voyaient venir l'heure où ils s'aimeraient en paix.

Le reste du voyage fut fait en toute gaieté. Vers midi, ils passèrent devant la propriété d'Albertas et s'arrêtèrent de nouveau pour laisser souffler le cheval et pour se reposer eux-mêmes sous les arbres, à droite de la route. Ils entrèrent enfin dans Aix à trois heures. Malgré tous leurs retards, ils arrivaient encore bien trop tôt. Pour ne pas éveiller les soupçons, ils voulaient ne se rendre à la prison qu'à la tombée du jour. Marius laissa le cabriolet à la garde de Fine, dans une rue déserte, et alla frapper chez son parent Isnard. Celui-ci fit remiser la voiture et s'engagea à se trouver avec elle, à minuit précis, au haut de la montée de l'Arc. Les deux jeunes gens, quand ces diverses précautions furent prises, se cachèrent jusqu'au soir.

Comme Marius gagnait avec Fine la boutique d'Isnard, où ils devaient attendre la nuit, il se heurta presque dans M. de Cazalis, au détour d'une rue. Il baissa la tête et marcha rapidement. Le député ne le vit pas. Mais le jeune homme se désespéra de cette rencontre; il lui vint de sourdes inquiétudes, il craignit que quelque nouveau malheur n'empêchât, au dernier moment, l'accomplissement de sa tâche. Sans doute, M. de Cazalis était à Aix pour hâter sa vengeance, et peut-être avait-il réussi à assurer son triomphe.

Jusqu'au soir, Marius fut fiévreux et impatient. Les idées les plus bizarres lui venaient à l'esprit et l'effrayaient. Maintenant qu'il avait l'argent, il redoutait de rencontrer d'autres obstacles.

Enfin, il se rendit à la prison, accompagné de Fine. Il était neuf heures. Les deux jeunes gens frappèrent à la porte massive. Un pas lourd se fit entendre et une voix grondeuse leur demanda ce qu'ils voulaient.

— C'est nous, mon oncle, dit Fine. Ouvrez-nous.

— Ouvrez-nous vite, M. Revertégat, murmura Marius à son tour.

La voix grondeuse grogna et répondit sourdement :

— M. Revertégat n'est plus ici, il est malade.

Le guichet se ferma; Marius et Fine restèrent muets et accablés, devant la porte close.

La bouquetière, depuis quatre mois, n'avait pas jugé nécessaire d'écrire à son oncle. Elle avait sa promesse, et cela suffisait. La nouvelle de la maladie du bonhomme fut un coup de foudre pour elle et son compagnon. Jamais la pensée ne leur était venue que Revertégat pût être malade. Et voilà que tous leurs efforts se brisaient contre un obstacle imprévu. Ils avaient la rançon de Philippe, et ils ne pouvaient le délivrer.

Quand leur stupeur douloureuse fut un peu dissipée, la bouquetière se redressa.

— Allons voir mon oncle, dit-elle ; il doit être chez une de ses cousines, rue de la Glacière.

— A quoi bon, répondit Marius, tout est perdu.

— Non, non, venez toujours.

Marius la suivit comme écrasé sous le désespoir. Fine marchait gaillardement, ne pouvait croire que le hasard fut si cruel.

Revertégat se trouvait, en effet, chez sa cousine de la rue de la Glacière. Il y était alité depuis quinze jours. Quand il vit entrer les deux jeunes gens, il comprit ce qu'ils venaient réclamer de lui. Il se souleva à demi, baisa sa nièce au front, et lui dit avec un sourire :

— Eh bien, l'heure est donc venue ?

— Nous sommes allés à la prison, répondit la jeune fille. On nous a dit que vous étiez malade.

— Mon Dieu, pourquoi ne nous avez-vous

pas prévenus, s'écria douloureusement Marius. Nous nous serions hâtés.

— Oui, reprit la bouquetière, maintenant que vous n'êtes plus geôlier, comment allons-nous faire?

Revertégat les regardait, surpris de ce désespoir.

— Pourquoi vous désolez-vous? demande-t-il enfin. Je suis un peu souffrant, c'est vrai; j'ai demandé un congé, mais j'occupe toujours ma place, je me mets à vos ordres pour demain soir, si vous le voulez.

Marius et Fine poussèrent un cri de joie.

— L'homme qui vous a répondu, continua Revertégat, a été chargé de me remplacer pour quelques jours. Demain matin, j'irai reprendre mon emploi; je n'ai plus qu'un peu de fièvre, je puis sortir sans danger. D'ailleurs, le cas est pressant.

— Je savais bien qu'il ne fallait pas désespérer, cria triomphalement la bouquetière.

Marius était tout tremblant d'émotion.

— Vous avez eu raison de venir me voir aujourd'hui, reprit le geôlier après un court silence. J'ai appris ce matin que M. de Cazalis était à Aix et qu'il faisait tous ses efforts pour hâter le jour de l'exposition publique... Il a obtenu, m'a-t-on dit, que cette exposition aurait lieu dans trois jours. Si M. Philippe ne se sauve pas demain soir, je ne pourrai plus vous servir, car, après-demain, le prisonnier sera transféré dans la prison de Marseille.

Marius frissonna. Il était arrivé à temps. Il s'entendit avec Revertégat et prit rendez-vous pour le lendemain soir. Il courut ensuite prévenir Isnard que la fuite était retardée d'un jour.

Le lendemain, les deux jeunes gens restèrent cachés pendant la journée. D'ailleurs, ils étaient plus calmes, ils avaient une certitude, ils ne redoutaient plus que les petits obstacles imprévus qui se présentent dans toute aventure.

L'évasion devait avoir lieu à onze heures. Vers dix heures, Marius et Fine se rendirent à la prison. Revertégat était à son poste ; il leur ouvrit doucement et les introduisit dans la geôle.

— Tout est prêt, leur dit-il.

— Mon frère est-il prévenu ? demanda Marius,

— Oui... J'ai dû prendre quelques précautions. Pour mettre ma responsabilité à couvert autant que possible, je désire que le prisonnier ait l'air de s'être sauvé par la fenêtre de son cachot.

— C'est un excellent désir, mon oncle, interrompit Fine avec gaieté.

— Voici ce que j'ai fait, continua Revertégat. Cette après-midi, je me suis rendu dans la cellule de M. Philippe et j'ai scié moi-même un des barreaux de sa fenêtre.

— Est-ce qu'il est nécessaire que mon frère passe par la fenêtre? demanda Marius avec inquiétude.

— Pas le moins du monde, nous allons aller le chercher, et il sortira avec vous par la porte... Seulement, je détacherai le barreau et j'attacherai à la grille un bout de corde. Demain, on croira que le prisonnier s'est enfui par là... Je n'en donnerai pas moins ma démission, mais j'éviterai ainsi de grands ennuis.

Les jeunes gens approuvèrent ce plan. Revertégat alluma une lanterne sourde, et tous trois se dirigèrent à pas de loup vers la cellule de Philippe. Marius tenait sous son bras un grand caban, pour envelopper et cacher son frère.

Ils trouvèrent Philippe debout, prêt à partir. Marius put à peine le reconnaître, tant il avait pâli et maigri. Ils s'embrassèrent silencieusement, évitant de parler, pour ne point faire du bruit. Revertégat alla à la fenêtre, détacha le barreau et noua le bout de la corde. Fine était restée dans le couloir pour faire le guet.

Et ils revinrent tous quatre par les corridors étroits, se glissant lentement le long des murs, redoutant de se heurter dans l'ombre.

Marius n'avait pas quitté la main de Philippe. Quand ils furent revenus à la geôle, il jeta le caban sur le dos de son frère, lui cacha la tête dans le capuchon, et voulut s'éloigner tout de suite. Un tremblement intérieur le faisait hâleter; maintenant qu'il touchait au but de ses efforts, il craignait d'échouer. Au moindre bruit, il frissonnait. Revertégat eut beaucoup de peine à le faire patienter pendant dix minutes; le geôlier craignait que le bruit de leur marche dans les corridors n'eût donné l'éveil, et il voulait n'ouvrir la porte qu'à coup sûr. Un silence profond régnait dans la prison. Alors Revertégat se décida à tirer les verrous.

Les deux frères s'échappèrent vivement et se dirigèrent, la tête baissée, vers la place des Prêcheurs. Fine resta un instant en arrière; elle était chargée de remettre les quinze mille francs à son oncle. Elle rejoignit ses compagnons au moment où ils allaient s'engager dans la petite rue Saint-Jean.

Ils prirent ensuite le Cours et marchèrent dans l'ombre noire des arbres. Une seule crainte leur restait : il leur fallait sortir de la ville, alors fermée de portes que des gardiens étaient chargés d'ouvrir aux gens attardés, et ils redoutaient d'être arrêtés là misérablement.

Ils marchaient toujours, regardant autour

d'eux, se défiant des rares passants qu'ils rencontraient. A la hauteur de la rue des Carmes, ils trouvèrent un homme qui se mit à les suivre. Le cœur de Marius battit à se rompre. Le jeune homme crut que tout était perdu.

A un moment, l'inconnu hâta le pas. Il vint gaillardement frapper sur l'épaule de Marius.

— Eh! je ne me trompe point, dit-il, c'est vous, mon jeune ami. Que diable faites-vous à cette heure, sur le Cours?

Marius, pris d'une rage sourde, serrait déjà les poings, lorsqu'il reconnut la voix de M. de Girousse.

— Vous voyez, je me promène, répondit-il en balbutiant.

— Ah! vous vous promenez, reprit le comte d'un ton narquois.

Il regarda Fine, il regarda surtout Philippe enveloppé dans le caban.

— Voilà une tournure que je connais, murmura-t-il.

Puis il ajouta, avec sa brusquerie amicale:

— Voulez-vous que je vous accompagne? Vous désirez sortir d'Aix, n'est-ce pas?... On n'ouvre pas la porte à tout le monde. Je connais un garde. Venez.

Marius accepta avec reconnaissance. M. de Girousse fit ouvrir la porte sans difficulté. Il n'avait plus adressé une seule parole aux jeunes gens. Quand il fut sur la place de la Rotonde, il donna une poignée de mains à Marius.

— Je vais rentrer par la porte d'Orbitelle, lui dit-il... Bon voyage.

Et il reprit à voix plus basse, en se penchant :

— C'est moi qui rirait bien demain, en voyant la mine que fera de Cazalis.

Marius regarda avec émotion s'éloigner cet homme généreux qui cachait la bonté de son cœur sous des allures brusques et originales.

Isnard attendait les fugitifs avec le cabriolet. Philippe voulut conduire, pour recevoir tout l'air de la nuit au visage. Il éprouvait une poignante volupté à sentir la légère voiture l'emporter dans l'ombre; cette course lui faisait mieux goûter les délices de la liberté.

Puis vinrent les effusions, les confidences, pendant que le cheval montait lentement les pentes. Fine et Marius avouèrent leur amour à Philippe, et celui-ci parut charmé des douceurs de cette jeune tendresse. En prison, il avait beaucoup réfléchi, il était devenu grave. Il ne pensait plus à ses amourettes d'autrefois il comprenait que la vie s'ouvrait devant lui, impérieuse et difficile.

Lorsque son frère lui annonça qu'il épouserait sans doute prochainement la bouquetière, il devint pâle et triste. Il songeait à Blanche. Marius comprit qu'il venait involontairement de toucher à une blessure encore vive; il donna à Philippe des nouvelles de son enfant, il s'entretint gravement avec lui, à demi-voix, et lui promit de veiller aux intérêts de son cœur, pendant son absence.

Il allait d'ailleurs s'occuper activement de lui obtenir sa grâce. Il ne s'oublierait pas dans les tranquillités saintes, dans les tiédeurs caressantes de ses amours. Lui et Fine songeraient à l'exilé.

Et, le lendemain matin, Philippe, accoudé sur le pont du petit navire qui le conduisait à Gênes, regarda longuement la côte de Saint-Henri. Là bas, au-dessus des flots bleus, il apercevait une tache blanche, la maison où la pauvre Blanche pleurait toutes les larmes de son cœur.

FIN DE LA DEUXIÈME PARTIE.

Marseille.— Imp. Nouv. A. Arnaud, rue Vacon, 21.

www.ingramcontent.com/pod-product-compliance
Lightning Source LLC
LaVergne TN
LVHW010558110826
845149LV00003B/694

* 9 7 8 2 0 1 9 9 2 9 4 8 0 *